本书系国家社会科学基金青年项目（12CFX049）之最终成果

谨以此书向想干事、能干事、干成事的
基层创新者致敬

刘加良 著

司法确认程序的生成与运行

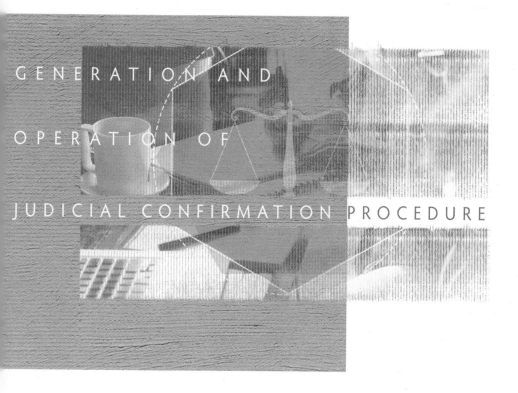

GENERATION AND OPERATION OF JUDICIAL CONFIRMATION PROCEDURE

北京大学出版社
PEKING UNIVERSITY PRESS

图书在版编目(CIP)数据

司法确认程序的生成与运行/刘加良著. —北京:北京大学出版社,2019.6

ISBN 978-7-301-30483-9

Ⅰ.①司… Ⅱ.①刘… Ⅲ.①诉讼程序—研究 Ⅳ.①D915.180.4

中国版本图书馆 CIP 数据核字(2019)第 084423 号

书　　　名	司法确认程序的生成与运行 SIFA QUEREN CHENGXU DE SHENGCHENG YU YUNXING
著作责任者	刘加良　著
责任编辑	李　铎
标准书号	ISBN 978-7-301-30483-9
出版发行	北京大学出版社
地　　　址	北京市海淀区成府路 205 号　100871
网　　　址	http://www.pup.cn
电子信箱	law@pup.pku.edu.cn
新浪微博	@北京大学出版社　@北大出版社法律图书
电　　　话	邮购部 010-62752015　发行部 010-62750672 编辑部 010-62752027
印　刷　者	三河市博文印刷有限公司
经　销　者	新华书店
	880 毫米×1230 毫米　A5　8.375 印张　188 千字 2019 年 6 月第 1 版　2019 年 6 月第 1 次印刷
定　　　价	36.00 元

未经许可,不得以任何方式复制或抄袭本书之部分或全部内容。
版权所有,侵权必究
举报电话:010-62752024　电子信箱:fd@pup.pku.edu.cn
图书如有印装质量问题,请与出版部联系,电话:010-62756370

规范性文件全简称对照表

全称	简称	发布时间	文号
最高人民法院关于审理涉及人民调解协议的民事案件的若干规定	涉人民调解协议案件规定	2002年9月16日	法释[2002]29号
最高人民法院关于人民法院民事调解工作若干问题的规定	民事调解规定	2004年9月16日	法释[2004]12号
最高人民法院关于进一步发挥诉讼调解在构建社会主义和谐社会中积极作用的若干意见	发挥诉讼调解积极作用意见	2007年3月1日	法发[2007]9号
渭源县人民法院人民调解协议确认机制实施办法(试行)	渭源试行办法	2007年6月10日	
定西市中级人民法院关于人民调解协议诉前司法确认机制的实施意见(试行)	定西意见	2007年11月	
渭源县人民法院诉前司法确认机制实施办法	渭源实施办法	2008年1月1日起试行	
临洮县人民法院人民调解协议确认案件办案制度	临洮办案制度	2008年7月17日起执行	
甘肃省社会治安综合治理委员会、甘肃省高级人民法院、甘肃省司法厅关于推行人民调解协议诉前司法确认机制的意见	甘肃意见	2009年5月15日	甘综治委[2009]4号
最高人民法院关于建立健全诉讼与非诉讼相衔接的矛盾纠纷解决机制的若干意见	诉非衔接意见	2009年7月24日	法发[2009]45号

(续表)

全称	简称	发布时间	文号
最高人民法院关于人民调解协议司法确认程序的若干规定	司法确认程序规定	2011年3月23日	法释[2011]5号
关于深入推进矛盾纠纷大调解工作的指导意见	大调解指导意见	2011年4月	
最高人民法院关于人民法院在互联网公布裁判文书的规定	文书上网规定（2013）	2013年11月21日	法释[2013]26号
最高人民法院关于适用《中华人民共和国民事诉讼法》的解释	民诉法解释	2015年1月30日	法释[2015]5号
最高人民法院关于人民法院案件案号的若干规定	案号规定	2015年5月13日	法[2015]137号
最高人民法院关于人民法院进一步深化多元化纠纷解决机制改革的意见	深化多元改革意见	2016年6月28日	法发[2016]14号
最高人民法院关于人民法院特邀调解的规定	特邀调解规定	2016年6月28日	法释[2016]14号
最高人民法院关于人民法院在互联网公布裁判文书的规定	文书上网规定（2016）	2016年8月29日	法释[2016]19号
最高人民法院、司法部关于开展律师调解试点工作的意见	律师调解意见	2017年9月	司发通[2017]105号

目录

序言 / 001

第一章 我国司法确认程序研究综述 / 001
    一、基于博硕学位论文的整体观察 / 001
    二、基于期刊论文的拆解分析 / 008

第二章 司法确认程序何以生成的制度史分析 / 048
    一、"定西做法"法律化的基本历程 / 052
    二、司法确认程序的生成路径：混合模式与试点先行 / 060
    三、司法确认程序的生成策略：多方合力与及锋而试 / 068
    四、司法确认程序的生成技术：主动宣传与引导舆论 / 072

五、司法确认程序的生成关键：精英操盘
与政绩驱动 / 077

第三章　司法确认程序的性质定位 / 082
一、主要学说之介评 / 082
二、非讼程序说之学理障碍的克服 / 087

第四章　司法确认程序的功能诠释 / 091
一、复兴功能：促进人民调解实效化 / 092
二、减压功能：降低民事纠纷成案率 / 105
三、参照功能：助力行政调解细则化 / 110
四、善治功能：缔造基层治理良善化 / 119

第五章　司法确认案件管辖的解释论 / 123
一、司法确认案件的级别管辖 / 124
二、司法确认案件的地域管辖 / 129
三、确认裁定的执行管辖 / 135

第六章　司法确认程序的实践误区及其
矫正 / 140
一、司法确认程序之客体范围的扩大化 / 140
二、司法确认案件之裁判文书的秘密化 / 147
三、司法确认案件之考核权重的失当化 / 153
四、司法确认程序之实践误区的理性
矫正 / 157

第七章 司法确认程序的显著优势与未来前景 / 162

一、司法确认程序的显著优势 / 162

二、司法确认程序的未来前景 / 169

第八章 彩石山庄项目案中的司法确认程序 / 180

一、彩石山庄项目的困局由来 / 181

二、缘何选中司法确认程序 / 184

三、司法确认裁定何以迅速执行 / 187

四、基于彩石山庄项目案的初步判断 / 189

附录 / 191

2019年定西调研笔记 / 191

定西市中级人民法院关于人民调解协议诉前司法确认机制的实施意见(试行) / 197

定西市中级人民法院"人民调解协议诉前司法确认机制"大事记 / 201

论人民调解制度的实效化 / 228

主要参考文献 / 246

后记 / 254

序　言

　　司法确认程序是我国《民事诉讼法》在2012年全面修订时新增设的一个程序，这个程序在全世界也没有对应性的先例，是典型的中国特色的创新性的本土化程序。该程序目前被安置在《民事诉讼法》第十五章"特别程序"之中。特别程序长期处在民事诉讼的冷学状态，学者们以及实务界的关注点基本都放在应对案件量多而又有理论刺激性的中央型程序（如普通程序、上诉审程序、再审程序）上，对这种实践中运用较少而又显得理论含量不够丰沛的特别程序则往往关注不多，所能见到的理论论述相对较少，更不用说系统化、专著性的长篇论述了。另外，立法时立法机关对人们感到较为陌生的司法确认程序没有经过充分的理论探讨，而是在理论准备严重不足的情况下匆匆将其写入法典之中。如果我们结合这些背景来看，加良博士的这本书虽然不算厚，但也足可见其问世和存在的价值了，其本人的学术勇气也值得赞赏。

本书的特色和创新之处有：

第一，探讨了司法确认程序的生成史。作者指出司法确认程序由地方经验快速上升为全国性立法，形成了先自上而下、后自下而上的混合模式。该程序之所以能够在甘肃省定西市获得成功，加良博士归纳出了这样几个原因：实质合法性的具备使其获得顶层设计者的持续性认可；多方合力与及锋而试的生成策略使得法院在推进司法确认程序中的扩权举动为既有的权力结构所接受，所涉主体的配合自愿性不降反升；主动宣传和引导舆论之技术的完美运用在夯实司法确认程序正当性根基的同时，也为其继续推进聚吸到更多的外来资源；受政绩驱动的个体精英扬长补短的努力至关重要。

第二，在理论上提炼出了司法确认程序所具有的四大功能。这就是：促进人民调解实效化的复兴功能、降低民事纠纷成案率的减压功能、助力行政调解细则化的参照功能和缔造基层治理良善化的善治功能。司法确认程序是基层人民法院对人民调解进行业务指导的主要载体，法院在该程序中须在支持和监督两端之间找到平衡点，偏向任何一端的举动都会削弱人民调解在基层治理中的制度优势。

第三，指出了司法确认程序在司法实践中存在的三大"误区"。这就是：司法确认程序的适用范围存在违法扩大化的误区、确认人民调解协议效力的裁判文书被列入不上网公开范围之内的误区、司法确认案件被当成小微案件进而导致其考核权重的整体科学性低下的误区。针对这些误区，加良博士探讨了矫正它们的对策。

第四，探索了司法确认程序中的三大理论问题（性质定位、显著优势和发展趋势）。加良博士指出：对网络信息技术发展的因应,将使司法确认程序的在线化尽显身手。欲发挥对解决纠纷的规模性作用,司法确认程序不能在"一站式"解纷平台之外唱独角戏,也不能期待在其中担任唯一主角,而应使其融入纠纷解决的一体化格局。

此外,该书还以在全国创下"三个之最"(涉及人数最多、争议额最大、司法处置时间最短)的彩石山庄项目案为对象,阐释了司法确认程序在其中的适用。作者认为,该案进展迅速、社会效果显著极大地依赖于"党政主导,多元共治,法院推动"的工作格局。纠纷解决的合力借此格局得以凝聚,司法确认程序的免费和快捷优势也由此得以凸显,司法确认程序的适用成为该案中的亮点,该案使司法确认程序的社会知晓度大为增加,同时在很大程度上也能说明司法确认程序在群体性纠纷化解中可担重任。

总体上看,加良博士的这本书在学术价值上主要体现在两个方面:一方面是本体性价值,它在理论上丰富了司法确认程序的内容,在不少方面深化了理论界现有的相关研究成果。尤其值得提及的是,作者深挖了诸多实践中的一手资料,对这些资料进行了条理化和丝丝相扣的裁剪,形成了具有厚实内涵的成果;另一方面是改革性价值,它实际上是以司法确认程序为样本,揭示和展示了我国司法改革始终存在着的上下结合性的实施路径,即在顶层设计所许可的框架和范围内,基层司法机构放开手脚积极开拓,反复试错,深入摸索,此后不断扩大实践效应,首先引起理论界的关注,其次获得立法界的重视,最后在多方合力的推动下,将这个产生于陇中地区的实践版本写进立法,变成了具有鲜明中国元素且极具包容性和发展前景的原创性制度。

探索无止境。希望加良博士继续深入研究实践中急需解答的问题,比如在线司法确认的特有规则、虚假司法确认的识别与治理,并在这些研究的基础上致力于构建一个完整的司法确认程序的理论体系,让这个本土化的独创程序不断地广为人知!

是为序。

汤维建

2019年1月

第一章
我国司法确认程序研究综述

一、基于博硕学位论文的整体观察

司法确认程序是指对符合法律规定的非诉调解协议，法院依申请进行司法审查后，赋予具有明确性给付内容的非诉调解协议以强制执行力的程序机制。

自2011年10月至2018年4月，笔者在中国知网的博硕士学位论文数据库以"司法确认"为题名进行连续性检索，累计下载到博士学位论文1篇（杨兵：《论司法确认制度》，中国政法大学2013年博士学位论文，导师为肖建华教授），硕士学位论文62篇（见表1-1[1]）。

---

[1] 本表以学位年度由远及近排序。

表 1-1　62 篇有关司法确认程序的硕士学位论文一览表
（2009—2018.04）

学位年度	学位类型	学位授予单位	题名	作者	导师
2009 年	法律硕士	兰州大学	关于定西法院人民调解协议诉前司法确认机制的调研报告	窦颖蓉	俞树毅
2011 年	法律硕士	湖南师范大学	人民调解协议司法确认的法理思考及制度完善	舒秋膂	黄捷
2012 年	诉讼法学硕士	湘潭大学	人民调解协议司法确认机制探讨	陈旭峰	张立平
2012 年	法律硕士	复旦大学	人民调解协议的司法确认制度研究	顾媛媛	章武生
2012 年	诉讼法学硕士	中南大学	论司法确认制度	孔一君	唐东楚
2012 年	诉讼法学硕士	华东政法大学	论人民调解协议的司法确认	李梦碟	洪冬英
2012 年	诉讼法学硕士	广东商学院	论我国非诉调解协议司法确认程序的构建	林文杰	张晋红
2012 年	法律硕士	西南政法大学	论我国人民调解协议司法确认制度的救济程序	毛方义	赵泽君
2012 年	诉讼法学硕士	复旦大学	人民调解协议司法确认制度研究	石浩	章武生
2012 年	司法制度硕士	西南政法大学	诉调对接中的司法确认	赵颖佳	吴杰
2013 年	法律硕士（法学）	湘潭大学	诉讼外调解协议司法确认制度研究	敖忠	张立平
2013 年	法学理论硕士	西北师范大学	人民调解协议司法确认的"定西经验"及其制度创新研究	常承志	王勇
2013 年	诉讼法学硕士	中国政法大学	论调解协议司法确认程序	刘珂	韩波
2013 年	诉讼法学硕士	华中师范大学	人民调解协议司法确认制度研究	刘雪云	石先钰
2013 年	法律硕士	大连海事大学	论人民调解协议司法确认制度的完善	来艳	徐红菊
2013 年	法律硕士	苏州大学	调解协议司法确认制度研究	梅真卿	胡亚球
2013 年	诉讼法学硕士	郑州大学	我国人民调解协议司法确认程序研究	宁妙	周庆

(续表)

学位年度	学位类型	学位授予单位	题名	作者	导师
2013年	诉讼法学硕士	华东政法大学	论调解协议司法确认程序	王琳	洪冬英
2013年	法律硕士（非法学）	复旦大学	司法确认调解协议制度的建构研究	吴莹	章武生
2013年	法律硕士	内蒙古大学	我国人民调解协议司法确认制度探析	王亚鸣	付冬梅
2013年	法律硕士	湖南大学	新化县人民调解协议司法确认制度运行情况的调研报告	肖锭	肖海军
2014年	法律硕士	苏州大学	调解协议司法确认程序研究——以民诉法第194、195条的实施为中心	曹锐	胡亚球
2014年	法律硕士（非法学）	浙江大学	调解协议司法确认程序研究	高微娜	周翠
2014年	法律硕士	内蒙古大学	人民调解协议司法确认程序研究	韩美丽	高芙蓉
2014年	法律硕士（非法学）	海南大学	我国司法确认程序研究	金雪琼	王琦
2014年	法律硕士（非法学）	中南大学	论调解协议司法确认制度	纪振华	唐东楚
2014年	法律硕士（法学）	兰州大学	人民调解协议司法确认程序研究	李莉	汪振江
2014年	法律硕士	贵州民族大学	司法确认调解协议制度的适用研究	李亮	卡先加
2014年	诉讼法学硕士	辽宁大学	人民调解协议的司法确认制度研究	梁琳	姜群
2014年	法律硕士	西南政法大学	关于调解协议司法确认程序的调研报告——以唐河县、宛城区、腾冲县法院对调研对象	潘晓	丁宝同
2014年	诉讼法学硕士	华东政法大学	调解协议司法确认制度研究	盛丽娜	蒋集跃
2014年	法律硕士（法学）	南京师范大学	我国人民调解协议的司法确认研究	拾露	李浩
2014年	法律硕士	兰州大学	渭源县司法确认制度运行状况调查研究	史永强	邓小兵

(续表)

学位年度	学位类型	学位授予单位	题名	作者	导师
2014年	诉讼法学硕士	南京师范大学	论诉外调解协议的司法确认制度	舒弘敏	陈爱武
2014年	法律硕士（法学）	甘肃政法学院	论司法确认制度	滕菲	蒋为群
2014年	法律硕士	上海交通大学	论人民调解协议司法确认制度	吴佳	王福华
2014年	民商法学硕士	兰州大学	调解协议司法确认程序研究	肖雪峰	汪振江
2014年	诉讼法学硕士	南京大学	人民调解协议司法确认制度研究	杨曼曼	严仁群
2014年	法律硕士	中国社会科学院	调解协议司法确认程序研究	杨晓燕	徐卉
2014年	诉讼法学硕士	河南大学	调解协议司法确认的审查范围研究	赵云云	吴泽勇
2014年	法律硕士（法学）	安徽大学	调解协议司法确认制度研究	周慢慢	於恒强
2015年	法律硕士	西南政法大学	调解协议司法确认制度问题研究	葛海龙	王斌
2015年	法律硕士	辽宁大学	人民调解协议司法确认程序研究——以魏某与刘某调解协议确认案为例	郭玲慧	李卓
2015年	法律硕士（法学）	内蒙古大学	调解协议司法确认程序研究	郭伟	刘桂琴 王新平
2015年	诉讼法学硕士	华中师范大学	人民调解协议的司法确认	关雪梅	石先钰
2015年	法律硕士	海南大学	司法确认程序案外人权利救济制度研究	黄国瑜	王琦
2015年	诉讼法学硕士	青岛大学	论我国的司法确认制度	贾臻怡	王国征
2015年	法律硕士（法学）	河南大学	诉外调解协议司法确认制度的适用研究	李娜	许红霞 戴朝辉
2015年	法律硕士（法学）	辽宁大学	论人民调解协议司法确认程序的完善	罗婉婷	李丽峰
2015年	社会学硕士	湖南师范大学	人民调解协议司法确认制度的实践困境研究	欧阳昭	陈成文

(续表)

学位年度	学位类型	学位授予单位	题名	作者	导师
2015年	法律硕士	南京师范大学	论人民调解协议的司法确认	颜小霞	陈淑华
2015年	法律硕士	华东政法大学	人民调解协议司法确认制度研究	张成	蒋集跃
2015年	法律硕士	广西师范大学	司法确认案件的实践研究	郑家勇	陈宗波
2016年	诉讼法学硕士	青岛大学	论我国人民调解协议司法确认制度	刘铠瑞	王圣诵
2016年	法学硕士	甘肃政法学院	人民调解协议的司法确认制度研究	马莉	蒋为群
2016年	法律硕士（法学）	湘潭大学	论人民调解协议司法确认程序的当事人救济	王子鑫	廖永安
2016年	诉讼法学硕士	浙江工业大学	民事司法确认程序研究——基于"交错适用论"的分析	谢军	张友连
2017年	法律硕士	内蒙古大学	人民调解协议司法确认程序研究	孟海晶	高芙蓉
2017年	诉讼法学硕士	重庆邮电大学	人民调解协议司法确认制度研究——以A、B两地的调研为基础	佘腾腾	黄东东
2017年	法律硕士（法学）	兰州大学	调解协议的司法确认制度研究	孙晓霞	俞树毅
2017年	法律硕士（法学）	南京师范大学	人民调解协议司法确认程序研究	陶扬	汪汉斌
2017年	法律硕士（非法学）	贵州民族大学	调解协议经司法确认损害案外人权益问题研究——以梁某诉唐某确认调解协议效力等三案为视角	周武锋	兰元富 贺华中

有关司法确认程序的博士学位论文仅有1篇，这和对法学博士学位论文的正文一般不能低于10万字的要求有很大关联。司法确认程序2010年方进入《人民调解法》、2012年方进入《民事诉讼法》且被放置在"特别程序"章，加之其在域外层面没有可比较项和在实践层面发展不平衡，短期内无法进入学术研究热点或重点的范围，故法学博士生在确定选题时极可能因

为考虑到文献稀少、实证分析困难、原创压力过大等因素而避而远之。

62篇硕士学位论文，从学位年度可知：（1）在2012年8月修改的《民事诉讼法》新增规定司法确认程序之前只有10篇（其中2009年1篇、2011年1篇）；2012年8篇中除了毛方义的《论我国人民调解协议司法确认制度的救济程序》外，其余7篇都是对司法确认程序进行整体性研究；2012年的篇数大增和《司法确认程序规定》在2011年3月的公布施行关系密切，该司法解释使这些学位论文拥有了对司法确认程序进行规范分析的对象，也使评价既有规则并提出健全或改进的建议成为这些学位论文的重头戏，法源的增多与细则化对学术研究的促进作用已被体现得淋漓尽致。（2）在司法确认制度被纳入《民事诉讼法》后的2013年至2015年共有43篇（其中2013年11篇、2014年20篇、2015年12篇），占总数62篇的69.35%，形成了有关司法确认程序研究的高峰期；这一阶段仍然以整体性研讨为主，赵云云（2014年）的《调解协议司法确认的审查范围研究》和黄国瑜（2015年）的《司法确认程序案外人权利救济制度研究》则将研究对象引向了具体的问题点，这两篇论文的撰写难度明显增加；这一阶段实证分析的作品不再形单影只，肖锭（2013年）和欧阳昭（2015年）对司法确认程序在湖南省娄底市新化县处于休眠状态的实践状况及原因进行了剖析，潘晓（2014年）对司法确认程序在河南省南阳市唐河县、宛城区以及云南省腾冲市的适用情况进行了对比分析，这些实证分析的作品尽管所依据的样本量很小，但可以小见大地反映出司法确认程序适用的区域差异及其社会知晓度之提升过程的缓慢程度。（3）2015年2月开始施行的《民诉法解释》使有关司法确认程序的规则更为细化和健全,单纯的规范分析整体上无法避免对在先观点的重复,整体性研讨很容易流于泛泛而谈,故2016年和2017年的篇数严重缩水,两年只比2012年的多1篇,只占到总数62篇的14.52%。

62篇硕士学位论文,从学位类型可知,应然上侧重理论与研究的科学学位论文只有23篇(其中诉讼法学硕士学位论文19篇),远少于应然上侧重实践与应用的专业学位论文(39篇)。学位论文的选题者大多视总则部分为理论研究的重地,而视分则部分为应用研究的富矿。在有关分则部分的研究中,争讼程序则更受青睐。其实,取得非讼程序的研究成果并不容易,因为收集、分析、运用相关文献以及观察、解释、反思相关实践目前依然十分困难。培养目标追求更强理论性和更大篇幅的科学学位论文在选题时避开作为非讼程序之新成员的司法确认程序,属于可理解的举动。

62篇硕士学位论文,从学位授予单位所在省域可知,湖南、甘肃、上海均有8篇,江苏有7篇,重庆有5篇。上海、江苏、重庆是我国法学教育和民事诉讼法学研究的重镇,这三个省域中有关司法确认程序的硕士学位论文数量可观实属正常,而甘肃和湖南的数量则很容易令人有所疑惑。司法确认程序起源于甘肃定西、逐步走向全国,湖南从立法和司法两个层面在知识产权领域大力推动司法确认程序的适用。观察者如果捕捉到这些地方实践的事实,就会茅塞顿开,并会切实地认同"法治的地方实践对学术研究会产生很大的推动和引领作用"以及"法学知识的生成呈现区域差异的特征属客观且必要"。

就62篇硕士学位论文,从导师的情况看,指导不止一篇的导师有12位，他们共指导25篇，12位导师中发表过有关司法确认程序之论文的只有一位，这在很大程度上可说明导师的研究兴趣对学生确定学位论文的选题影响不大。导师高比例地同意低年级者选择与高年级者相同或相近的题目，说明对司法确认称程序进行持续性研究或深度研究的必要性一直存在。

二、基于期刊论文的拆解分析

截至2018年4月，笔者在中国知网的期刊论文数据库以"司法确认"为题名进行检索，累计下载到笔者之外的其他作者撰写的、有综述价值的论文共计85篇，从发表年度看，2009年有2篇、2010年有4篇、2011年有16篇、2012年有14篇、2013年有14篇、2014年有15篇、2015年有9篇、2016年有4篇、2017年有5篇、2018年1—4月有2篇，2009年至2017年每年平均有9.2篇，2011年至2014年是研究司法确认程序的高峰年份，而从2015年开始有关司法确认程序的研究即进入不断弱化的阶段。这些论文已涉及司法确认程序的价值、正当性、性质、启动主体、适用范围、申请期限，司法确认案件的管辖、审查范围、审查方式、诉讼费用、裁判文书、救济程序，以及司法确认文书的既判力、虚假司法确认等内容，本部分将依次加以概括和分析。[2]

---

[2] 在本章下文中，若所涉论文第二次出现，将只写明作者、文章名和页码三项信息。

(一)司法确认程序的价值

在较早期的讨论中,对司法确认程序的价值已有较多涉及。有论者认为,人民调解协议的群众性和非讼性决定其不具有执行力,人民调解协议的法律效力必须通过一定的司法程序予以支持或限制。[3] 有论者认为,诉前和解或调解协议的司法确认是为解决法院的"诉讼爆炸"现象而创造出的替代性功能补充机制,旨在解决民事合同性质的调解或和解协议效力的不确定性问题。[4] 吕辉则从程序安定性的需要、提升人民调解功效的需要、提高人民调解利用率、缓解法院压力的需要四个方面进行总结。[5] 有论者从建立司法权威的必要性、社会稳定的必要性方面予以论述。[6] 潘剑锋强调了司法确认程序在实现诉调对接、激活诉外调解的现实需求方面的意义。[7] 张红侠考察了2002年到2012年人民调解与民事司法衔接的十年历程,相关分析则从促进人民调解自身的发展、缓解法院压

---

[3] 董少谋:《人民调解协议诉前司法审查确认机制探究——兼谈执行许可宣告程序之建构》,载《法学杂志》2009年第11期,第10页;董少谋:《执行许可宣告程序之构建——兼谈人民调解协议诉前司法审查确认机制》,载《司法改革论评》2009年第00期,第392页。

[4] 姚小林:《司法确认的诉调对接试验及其法治完善》,载《法治研究》2010年第8期,第100页。

[5] 吕辉:《论人民调解协议的司法确认程序》,载《延边党校学报》2011年第1期,第63—64页。

[6] 朱腾飞:《调解协议司法确认机制研究》,载《江苏警官学院学报》2011年第3期,第67—68页。

[7] 潘剑锋:《论司法确认》,载《中国法学》2011年第3期,第43页。

力、节约维权成本方面展开。[8] 有论者从现实价值出发，指出司法确认制度便利了民众纠纷的解决、扭转了民众维权的观念、实现了非诉讼机制与诉讼机制的对接、激发了人民调解组织的活力、节约了司法资源。[9]

对于司法确认程序所能发挥的价值，众论者争议不大，最多是侧重点有所不同。但有论者指出司法确认的地方试验及其制度化存在司法程序弱化、非诉讼程序的过度司法干预和适用规范非法律化等方面的问题和隐忧。[10] 在司法确认程序被纳入程序法典之前，有论者认为最高人民法院试点的人民调解协议诉前审查确认机制仅解决双方当事人无争议的人民调解协议转换为执行依据问题，并不能从根本上解决大量的非讼机制结果的执行，而应构建"执行许可宣告程序"，执行许可裁定。[11]

（二）司法确认程序的正当性

有论者从执行力发生的机理对司法确认程序的正当性进行了系统论述，认为由于司法确认程序中与典型状态下的"执行力"发生机理有所不同，故有必要对其正当性单独予以说明和强调，其正当性来源具体包括：其一，当事人意思自治是人民

---

[8] 张红侠：《人民调解与民事司法衔接十年考（2002～2012）》，载《西南交通大学学报（社会科学版）》2013年第4期，第138—139页。

[9] 乔书兰：《对完善人民调解协议司法确认制度的考量》，载《清江论坛》2014年第1期，第37页。

[10] 姚小林：《司法确认的诉调对接试验及其法治完善》，第100—101页。

[11] 董少谋：《人民调解协议诉前司法审查确认机制探究——兼谈执行许可宣告程序之建构》，第398页。

调解协议得以司法确认的实质基础；其二，正当程序是确认人民调解协议效力，赋予确认书执行力的程序要求；其三，司法审查是司法确认人民调解协议的效力，并赋予确认书的执行力的必要条件。总之，通过司法确认程序确认人民调解协议的效力，赋予确认书执行力的正当性，其实质条件是人民调解协议的内容合法，形式要件是人民调解协议效力的确认和确认书的形成经过了正当程序和司法审查。[12] 该观点强调了意思自治和正当程序。亦有论者从法哲学角度对司法确认程序的合法性范式进行分析，具体从权力来源、价值衡量和社会支持三个方面展开。[13] 另有论者指出，为保障司法确认程序的正当性、合法性，必须正确处理诉讼外调解协议司法确认与裁判请求权保障的关系：首先，诉讼外调解协议的司法确认必须出于当事人双方的自愿；其次，法院在对诉讼外调解协议司法确认时要严格审查诉讼外调解是否出于当事人自愿。[14]

（三）司法确认程序的性质

1. 非讼程序说

2009 年《诉非衔接意见》的相关规定，意味着立法将尝试建立一种非讼的司法确认程序。《民事诉讼法》亦确认了司法确

---

〔12〕 潘剑锋：《论司法确认》，第 44—45 页。

〔13〕 徐钝：《司法确认制度及其价值的法哲学拷问——一个合法性范式分析视角》，载《法律科学（西北政法大学学报）》2014 年第 4 期，第 25—29 页。

〔14〕 刘敏：《论诉讼外调解协议的司法确认》，载《江海学刊》2011 年第 4 期，第 144—145 页。

认程序的非讼性质。有论者认为，其非讼的性质主要取决于两个方面的规定，一是达成调解协议的双方当事人必须共同提出确认协议效力的申请，二是法院对调解协议效力的确认采用"决定"的裁判形式。另外，从裁判采决定形式这一点还可推断当事人对这种裁判不得上诉，此亦为非讼程序的表现之一。这种程序的非讼性质与关于当事人可依据调解协议申请支付令的另一程序设计也能够相互支撑和印证。[15] 有论者认为，就特点而言，司法确认案件符合其无争议性且不以有对立的两造为必要、主要以预防私权受害或避免发生争执为目的等特点；就功能而言，司法确认案件符合其预防纠纷、稳定既定法律关系、疏减讼源、减轻法院负担以及保护当事人的权利的功能属性。[16]

有论者认同非讼性质，进而认为用"司法审查程序"更为合适："司法确认决定"是形成裁定，而非民事诉讼法理上通常所称的确认法律关系或法律事实存在与否的确认裁判，从这个角度讲，司法确认程序的"确认"一词确有不妥。[17]

有论者基于司法确认程序非讼的性质，指出法院在对诉讼外调解协议进行审查时，不应适用处分原则、辩论原则、直接言词原则、公开原则，而应当遵循职权探知主义、书面原则、不公开原则等基本原则。[18] 有论者指出，争讼程序和非讼程

---

[15] 王亚新：《诉调对接和对调解协议的司法审查》，载《法律适用》2010年第6期，第34—35页。

[16] 胡辉：《人民调解协议之司法确认程序再探——以程序运行为中心》，载《广西社会科学》2012年第5期，第78页。

[17] 张自合：《论人民调解协议司法确认程序的完善》，载《山东警察学院学报》2013年第1期，第20页。

[18] 刘敏：《论诉讼外调解协议的司法确认》，第145—146页。

序是学理根据现有的规定进行的一种归纳,而我国民事诉讼法将争讼程序之外的程序纳入特别程序中,《特别程序》一章具有开放性,司法确认程序的增设只是添加了一种新的类型,因此不能以原有的特别程序类型的综合特征对它进行衡量和限制。[19]

2. 独立程序说

有论者认为,民事司法确认程序是不同于现有的诉讼程序、非讼程序以及特别程序的一项独立的司法程序。主要原因在于:首先,民事司法确认程序的目的与所要解决的基本问题是确认申请人之间没有争议,且共同申请的非讼调解协议的法律效力,并赋予合法非讼调解协议的强制执行力;其次,就程序的基本特征而言,民事司法确认程序最大的特点在于,它采用的是"审查"的方式,而诉讼与非讼程序以及特别程序采用的却是"审判"的方式。[20]

3. 简易程序说

除去"参照简易程序"的条文规定引起的误读,亦有持简易程序论者。该论者认为,我国对特别程序尚不存在体系化设计,因此这并不意味着司法确认程序就必然属于非讼程序。如果如前所述我国未来允许当事人在司法确认程序中提起实体抗辩,那么就势必应当允许法官在必要时开庭审理,并至少听审

---

[19] 周建华:《论调解协议的司法确认程序》,载《民事程序法研究》2013年第00期,第126页。

[20] 廖中洪:《民事司法确认程序若干问题研究》,载《西南政法大学学报》2011年第1期,第24页。

双方当事人。而且，由于双方当事人应当共同申请司法确认，故共同到庭也理所当然，这也为法官实施对审创造了条件。规范层面，该论者指出，参照适用简易程序的规定以及法官可以要求当事人补充陈述或补充证据资料等，均表明最高法院已然将司法确认程序视为简化或加快的争讼程序看待，这毋宁说更符合实践的需求。[21]

（四）司法确认程序的启动主体

1. 双方申请说

有持此观点者认为，规定当事人能够单方申请法院对调解协议的效力作出司法确认且该确认程序的性质为非讼，虽可以极大地提升调解协议的法律效力并在效率上也有接近于最大化的效果，但存在的根本障碍则在于这样做与最高法院通过一系列司法解释所确立的"调解协议相当于民事合同"的规则冲突，进而引发正当性难题。直接赋予调解协议以强制执行力，则与现行宪法对人民调解制度的定位有抵触的可能。将非讼程序改造为单方提起给付之诉的诉讼程序，这一根本障碍也无法化解，因为缺乏合意只能提起给付之诉，一旦对方以反悔或原纠纷本身作为抗辩，确认之诉因为缺乏确认利益而不成立，或只能转为给付之诉。[22]

从配套制度看，有论者主张建立人民调解协议的司法备案制度，并借鉴美国的风险制裁制度，从事后震慑的角度搭建调

---

[21] 周翠：《司法确认程序之探讨——对〈民事诉讼法〉第194、195条的解释》，载《当代法学》2014年第2期，第94页。

[22] 王亚新：《诉调对接和对调解协议的司法审查》，第37页。

解协议效力保障的平台。[23]

对于双方申请说,也有论者从不同角度进行驳斥,主要体现在与非讼程序性质的关系和对合意之含义的界定方面。非讼程序与允许单方申请并不矛盾:首先,非讼程序的发展表明,在此程序中并不是绝对地不可以出现有争议的相对方;其次,当前程序理论的发展表明,诉讼程序和非讼程序之法理的交错适用已获得适度的发展。[24] 司法确认程序的非讼性并不排斥单方申请开启的可能性。[25] 非讼事件的无争议性为相对无争议而非绝对的无争议,只不过在非讼程序阶段争议尚未出现而已,共同申请的模式追求绝对无争议性实无必要。[26] 司法确认与鼓励自动履行也并不相悖。[27] 人民调解制度中的自愿原则不应体现在已经达成调解协议后申请司法确认的环节,该原则的主要体现应该是在人民调解程序的启动、对调解组织和人员的选择以及调解协议的达成等诸方面。[28] 主张只能双方申请的观点模糊了合意的含义和范围。从合意的内涵来看,申请

---

[23] 尹晓艳:《人民调解协议效力探微》,载《公民与法》2012年第1期,第38页。

[24] 胡辉:《人民调解协议的司法确认程序初探——以程序的启动为中心》,载《石河子大学学报(哲学社会科学版)》2011年第5期,第59页。

[25] 刘显鹏:《合意为本:人民调解协议司法确认之应然基调》,载《法学评论》2013年第2期,第131页。

[26] 张自合:《论人民调解协议司法确认程序的完善》,第22页。

[27] 李晓琼:《司法确认之申请主体适格问题刍议——以〈民事诉讼法〉(2012修订)第194条为切入点》,载《东莞理工学院学报》2014年第2期,第34页。

[28] 胡辉:《人民调解协议的司法确认程序初探——以程序的启动为中心》,第58页。

司法确认的合意在人民调解协议达成时即已确定。[29] 另有论者指出，从所有诉讼程序和非讼程序的启动方面来看，当事人双方合意启动程序的规定尚不存在，即使是非讼程序也没有先例。[30]

2. 单方申请说

持该论者认为应允许单方申请。[31] 主要理由如下：愿意共同申请的情况较少，司法确认制度的启动条件限制了当事人对人民调解协议申请司法确认的机会。[32] 当事人双方共同申请的前置要求，提升了当事人申请司法确认的门槛，限制了当事人提请法院确认的积极性，增加了一方当事人的反悔概率，削弱了人民调解协议司法确认的威慑力。[33] 从人民调解机制和司法确认程序的有效性来看，只有承认一方可予开启，方能保证程序的有效性。从实践角度来看，只有认可单方申请开启司法确认程序的有效性方能使该机制真正持续发挥实效。[34] 有论者指出，司法确认程序并没有体现出比公证机构对合同等

---

[29] 刘显鹏：《合意为本：人民调解协议司法确认之应然基调》，第130页。

[30] 唐力：《非讼民事调解协议司法确认程序若干问题研究——兼论〈中华人民共和国民事诉讼法修正案（草案）〉第38、39条》，载《西南政法大学学报》2012年第3期，第111页。

[31] 张玲：《试析司法确认对克服人民调解协议效力局限性的不足》，载《传承》2011年第1期，第81页。

[32] 同上注，第81页。

[33] 张永进：《传统与超越：人民调解协议司法确认制度再解读》，载《实事求是》2011年第1期，第90页。

[34] 刘显鹏：《合意为本：人民调解协议司法确认之应然基调》，第131页。

债权文书公证制度的优越性，可以借鉴支付令制度，对司法确认制度的提起主体进行优化。[35] 从鼓励自愿履行的目的出发，规定单方可以申请司法确认更能促进自愿履行。[36] 调解协议的自愿性是调解协议有效成立的基础，双方对于调解协议的签署本身已经表明了其自愿的意思表示，并已经得到调解机构的证明，这些证据已经符合了形式审查调解协议自愿性的阶段性要求，不必再附具其他书面证据。而如果当事人对调解协议是否为真实意思表示产生争议，应通过诉讼程序并由双方当事人举证证实，共同申请的要求实际是混同了两个不同的司法审查程序的证据要求，为债务人一方滥用权利提供了有利途径。[37] 有论者指出，为确保进入调解的当事人清晰知道调解协议达成后的后果，调解员在调解程序开始时即可告知各位当事人达成调解协议后，一方当事人可以向法院申请司法确认，获得对调解协议的强制执行依据。[38]

3. 单方、双方及调解组织申请说

有论者认为单方、双方当事人以及调解组织都可申请司法确认。该论者认为应当赋予调解组织司法确认的申请权以固定其工作成果。否则其工作成果会随时可能因当事人的反悔而消失殆尽，不利于充分调动人民调解员的工作积极性。[39] 有论

---

[35] 郭志远：《调解协议司法确认制度实施问题研究》，载《安徽大学法律评论》2012年第2期，第182页。

[36] 张自合：《论人民调解协议司法确认程序的完善》，第21页。

[37] 同上注，第22页。

[38] 周建华：《论调解协议的司法确认程序》，第129页。

[39] 朱素明：《人民调解协议司法确认制度的发展及其完善》，载《学术探索》2012年第8期，第17页。

者认为应赋予人民调解组织申请确认人民调解协议效力的资格，但需要附加一定的条件，如人民调解协议的履行与否会直接涉及当事人的基本生存权利、会直接影响社会稳定或涉及社会公众利益等，以免当事人因不了解法律规定而错失申请司法确认的机会，避免产生新的矛盾和纠纷。[40]

4. 关于司法确认申请的撤回

既有的研究成果基本上同意允许当事人撤回申请，对于允许双方撤回一般没有异议。[41] 有论者认为不应当允许单方撤回。允许一方当事人撤回申请似乎是将当事人共同申请的意思一以贯之，尊重了不同意继续进行程序的当事人的意思。但是，这只是表面的"善果"，实质上的"恶果"或不公正则是：毁掉了双方当事人共同申请的意思表示；撤回方当事人违背了诚实信用原则；没有尊重愿意继续进行程序的当事人的意思。撤回的条件过于宽松，无疑会给予债务人恶意拖延程序的制度性机会。[42] 关于撤回后的处理，即是否允许再次申请，有论者认为，这在双方当事人共同撤回后，又在法定的申请期限内共同申请的情形下应该可以实现；在一方当事人依法撤回后，若规定无论是否在法定期限内都不允许再次申请，显然并非尊重当事人处分权和接受裁判权；若相反，允许其在法定期限内

---

[40] 翟小芳、张倩晗：《构建符合国情的人民调解协议司法确认制度——兼评〈最高人民法院关于人民调解协议司法确认程序的若干规定〉》，载《法学杂志》2011年第1期，第282页。

[41] 胡辉：《人民调解协议之司法确认程序再探——以程序运行为中心》，第79页。

[42] 同上。

再次申请,那么需要共同申请方可启动程序的规定,程序再开显然困难重重。[43]

(五)司法确认案件的管辖

有论者指出,应根据确认案件和程序自身的特点确定管辖,不应拘泥于调解协议的合同性质。人民调解组织所在地的基层人民法院按合同标准来确立管辖,无非是基于承认调解协议的合同性质和效力。但是,承认调解协议的合同效力并不等于在确认程序中按合同诉讼来对待。一个基本的理由就是,确认程序只是民事司法程序中的非讼程序。而且,按照合同来处理管辖问题显然会给当事人、调解组织和法院带来额外的负担。因此,确认案件的管辖不应拘泥于"承认协议的合同性质和效力",而应根据确认案件和程序自身的特点来定。[44]

有论者认为当事人住所地或调解协议履行地基层人民法院管辖更为合理,仅由人民调解委员会所在地基层人民法院管辖不能达到方便当事人的目的,不利于诉调对接。[45] 有持同论者同时认为可以约定管辖。[46]

《民事诉讼法》第 194 条将司法确认案件的管辖法院规定为"调解组织所在地基层法院"。为了便利人民法院对调解协议的司法监督,同时考虑到当前执行难现状,当事人申请司法确认

---

[43] 胡辉:《人民调解协议之司法确认程序再探——以程序运行为中心》,第 79 页。

[44] 胡辉:《人民调解协议的司法确认程序初探——以程序的启动为中心》,第 60 页。

[45] 洪冬英:《论调解协议效力的司法审查》,载《法学家》2012 年第 2 期,第 116 页。

[46] 朱腾飞:《调解协议司法确认机制研究》,第 68 页。

的管辖法院应当考虑基层法院对于本基层调解组织的指导,由人民调解组织所在地的基层人民法院管辖最为合适。[47] 有论者认为应当允许当事人约定管辖法院[48],应增加一款"不得违反民事诉讼法关于级别管辖和专属管辖的规定"。[49] 而反对论者认为执行法院不必再考虑协议管辖、级别管辖和专属管辖。[50]

对于协议管辖,有支持论者认为,协议管辖制度更能体现调解协议司法确认的正当性基础,即充分尊重双方当事人的意愿,允许当事人就管辖法院进行合意选择,这是调解解决纠纷的精髓所在。[51] 有论者认为不必规定可以约定管辖。人民调解委员会主要调解民间纠纷,多为婚姻家庭、继承纠纷,相邻关系纠纷,以及简单的民事合同、侵权责任纠纷,而且人民调解委员会与纠纷当事人之间联系密切,与当事人通常就在同一个村或者同一个街道。因此,就人民调解协议的司法确认管辖而言,没有必要规定若干个选择项供当事人选择。直接规定由调解委员会所在地的基层人民法院或其派出法庭管辖人民调解协议司法确认案件,不仅方便当事人申请确认,也方便人民法院开展必要的审查工作。[52]

---

[47] 张永进:《传统与超越:人民调解协议司法确认制度再解读》,第90页。

[48] 翟小芳、张倩晗:《构建符合国情的人民调解协议司法确认制度》,第282页。

[49] 胡辉:《人民调解协议的司法确认程序初探——以程序的启动为中心》,第60页。

[50] 刘王芳、朱嵘:《调解协议司法确认与执行程序的衔接》,载《法律适用》2013年第11期,第91页。

[51] 洪冬英:《论调解协议效力的司法审查》,第116页。

[52] 卫彦明、蒋惠岭、向国慧:《关于人民调解协议司法确认程序的若干规定的理解与适用》,载《人民司法》2011年第9期,第35页。

对于专属管辖，有论者结合实践认为，未规定专属管辖有一定理由。从目前人民调解工作情况看，大多数的当事人还是选择与纠纷有密切联系的人民调解委员会对案件进行调解。如果当事人通过调解损害了他人利益，应当承担相应的法律责任。人民法院在办理涉及不动产的司法确认案件时，应当要求当事人提供不动产财产权利证明等证明材料，并应当要求当事人说明选择异地调解的合理理由。[53]

（六）司法确认程序的适用范围

1. 关于调解主体

这一问题探讨的是哪些调解主体主持达成的协议可被纳入司法确认程序的适用范围。

根据《诉非衔接意见》，经行政机关、人民调解组织、商事调解组织、行业调解组织或者其他具有调解职能的组织调解达成的具有民事合同性质的协议都可申请司法确认。有论者认为申请范围应包括"经行政机关、人民调解组织、商事调解组织、行业调解组织或者其他具有调解职能的组织调解达成的具有民事合同性质的协议"，以及法院立案前后委托行政部门、人民调解委员会或其他调解组织所作出的调解协议。[54] 有论者结合定西经验，认为将行政调解协议纳入司法确认范围既是可行的，也是必要的；对于法律服务机构、社会团体、德高望

---

[53] 卫彦明、蒋惠岭、向国慧：《关于人民调解协议司法确认程序的若干规定的理解与适用》，载《人民司法》2011年第9期，第35页。

[54] 转引自王慧：《适用司法确认程序的若干问题研究》，载《湖南科技学院学报》2014年第12期，第150页。

重人士的调解,我们的意见是应从严掌握。[55]

在2012年《民事诉讼法》修改后,有论者认为,就哪些主体作出的调解协议可以得到确认,以及仲裁机构、企业、协会等作出的调解协议能否得到司法确认,一般认为,原则上应以《人民调解法》规定的为准。[56]有论者认为,在当前法律规定下,要把握如下三点:一是必须严格按照现行民诉法要求,只有人民调解组织调解达成的协议符合法律规定,才可以提出申请;二是在"大调解"格局下,各地法院应当及时邀请人民调解组织参与其他调解组织的调解,以适应现行民诉法的要求;三是审慎扩张解释人民调解委员会以外的调解协议申请,仅仅法院诉前委派的调解以及在法院登记造册调解员的调解这两种形式所达成的调解协议可以申请司法确认。[57]该论者认为,现行法律的规定助长了一家独大,与当前大力推进社会管理创新、构建诉讼与非诉讼相互衔接的"大调解"机制要求相悖。[58]

有论者由法院参与程度的不同对调解组织的调解进行了区分,其一是调解阶段不涉及法院的调解,其二是"诉前调解",其三是"立案调解"或"委托调解"。立案之前的"诉前调解"往往有法院与现职法官的实际参与,以立案出具调解书的形式

---

[55] 杨磊、曹焱:《定西法院人民调解协议诉前司法确认机制调研报告》,载《司法改革论评》2010年第00期,第101页。

[56] 姚红等:《〈民事诉讼法〉修改大家谈》,载《国家检察官学院学报》2011年第5期,第69页。

[57] 谭筱清、王莉娟:《调解协议司法确认程序若干问题的理解与适用——兼评现行〈民事诉讼法〉第194、195条及相关条文》,载《法律适用》2013年第5期,第90页。

[58] 同上注,第91页。

确认调解协议效力可以接受,但不宜对没有法官实际参与的调解采用直接出具调解书的形式确认其效力。立案之后的调解,如果当事人申请司法确认,后出现诉讼案件中嵌入非讼程序那样一种外观,该论者认为,一个方便的解释是,一旦委托给其他组织调解,诉讼程序即视为中止。[59]

在湖南省长沙市岳麓区人民法院实施了专利纠纷行政调解协议司法确认的背景下,有论者专门就专利行政调解协议司法确认问题进行探讨。[60] 还有论者论证了公证调解协议的司法确认的必要性和可行性。[61]

2. 关于非诉调解协议

这一问题探讨是否任何类型、性质的调解协议都可以纳入司法确认程序的适用范围。

有论者把司法确认程序的适用范围及其适用案件类型限制在"争议较小、事实简单、当事人之间关系密切(亲属、邻里

---

[59] 王亚新:《诉调对接和对调解协议的司法审查》,第 35—36 页。

[60] 陈雅忱、何炼红、陈仲伯:《专利纠纷行政调解协议司法确认问题探讨》,载《知识产权》2013 年第 9 期,第 38—43 页;鲁文革:《从温州"诉调对接"模式析专利纠纷行政调解的司法确认》,载《浙江师范大学学报(社会科学版)》2014 年第 1 期,第 121—124 页;姜芳蕊:《专利纠纷行政调解司法确认机制研究》,载《湖南社会科学》2014 年第 5 期,第 101—103 页;姜芳蕊、陈晓珍、曹道成:《专利纠纷行政调解协议司法确认程序之构建》,载《知识产权》2014 年第 9 期,第 26—31 页;何炼红、舒秋謇:《论专利纠纷行政调解协议司法确认的审查边界与救济路径》,载《知识产权》2015 年第 1 期,第 63—67 页。

[61] 王嘎利:《民事司法确认程序与公证调解制度的耦合》,载《云南大学学报(社会科学版)》2017 年第 6 期,第 122 页。

关系)、具有给付内容的债权债务、劳动报酬等民商事纠纷"[62]。持同论者的理由是：司法确认程序作为基层人民法院适用的一种特殊程序，无论在类型还是性质上，首先应当是一种简便、快捷的程序；对复杂的纠纷，确认程序不仅在短时期内无法予以确认，而且仅采用较为简单的司法确认方式就直接赋予这类非讼调解协议强制执行力也是不恰当的；在确认及赋予强制执行力的过程中，如果不对所确认的非讼调解协议的范围以及案件类型进行必要限制，也不利于问题的解决。[63]

有论者认为应限于处分原则和辩论原则适用的案件范围内，限制其在涉及公益的案件如关涉身份的一些人事诉讼中的适用。[64] 可以通过司法确认赋予强制执行效力的纠纷所涉及的权益必须是当事人可以自由处分的权益。当事人的协议不可以违反国家法律中的禁止性规范，也不能侵害第三人的利益。[65] 有论者认为应排除三类：存在申请程序瑕疵的民商事案件，案情复杂、涉及社会公共利益、社会影响较大的民商事纠纷，以及按照最高人民法院的司法文件不予确认的七种案件。[66]

有论者强调可执行性，认为要求确认的人民调解协议所涉

---

[62] 参见窦颖蓉：《人民调解协议诉前司法确认机制之探究——以定西法院为例》，载《法律适用》2008年第1期，第16页。

[63] 廖中洪：《民事司法确认程序若干问题研究》，第24页。

[64] 杨雅妮：《诉外调解协议的"司法确认"程序探析——以"和谐社会"构建为背景的分析》，载《青海社会科学》2010年第6期，第218页。

[65] 潘剑锋：《论司法确认》，第44页。

[66] 姚小林：《司法确认的诉调对接试验及其法治完善》，第99—100页。

及的权益应该是可以通过强制执行予以实现的,并且明确具体。[67] 有论者从法院主管范围进行限定,认为超过法院主管范围的案件,即凡是所涉内容超过法院主管范围的非诉调解协议,均不能纳入司法确认程序的适用范围。[68]

有论者指出,2011年《司法确认程序规定》在序言中明确规定确认的调解协议范围为"民事调解协议",原因有三:第一,人民调解委员会对民事纠纷的调解经验相对丰富一些,目前法院开展的司法确认工作也主要针对民事调解协议;第二,虽然有的人民调解委员会也对部分轻微刑事案件进行调解并取得了较好的效果,但这项工作尚处于初步探索阶段,还不够成熟;第三,对民间纠纷内涵和外延的理解目前尚存争议。[69]

有论者区分受理条件和确认条件,认为应该将《司法确认程序规定》排除性列举的后三项作为不予确认的情形而非不予受理的情形。[70] 有论者较广泛地认为具有民事合同性质的协议皆可纳入司法确认的范围。[71] 有论者认为还应当把其他ADR机制之下促成的协商解决纠纷协议纳入司法确认的范围。[72]

---

[67] 潘剑锋:《论司法确认》,第44页。
[68] 廖中洪:《民事司法确认程序若干问题研究》,第24页。
[69] 卫彦明、蒋惠岭、向国慧:《关于人民调解协议司法确认程序的若干规定的理解与适用》,第36页。
[70] 胡辉:《人民调解协议的司法确认程序初探——以程序的启动为中心》,第60页。
[71] 朱腾飞:《调解协议司法确认机制研究》,第68页。
[72] 周建华:《论调解协议的司法确认程序》,第125页。

（七）司法确认案件的审查范围

1. 形式审查

有论者认为，应结合司法审查程序的非讼属性采取形式审查标准[73]，实体审查与其非讼性不相合。[74] 从司法确认的基础来看，其仅应是从形式上对当事人经人民调解所达成合意的认可，并非对合意从内容上予以评判。从人民调解的依据来看，其对合意的要求相当宽松，远小于现有规则对司法确认程序中法院审查范围的要求。从审查程序来看，现有规则亦难以保障实体审查的有效性。[75]

2. 侧重形式审查

有论者认为司法确认程序中的法院审查应侧重于形式方面（如主体是否适格、管辖是否正当、材料是否齐备等）；同时，将实体审查的内容降至最低程度，毋需对案件的实体争议以及合意的形成过程和内容（即当事人是否自愿、意思表示是否真实等）予以关注，仅需着力于对可执行性的判断和认定，即调解协议中的给付内容是否明确并可能以及是否明显违背了法律、法规的禁止性规定和公序良俗。[76] 同论者认为非讼程序

---

[73] 张自合：《论人民调解协议司法确认程序的完善》，第 24 页。
[74] 刘显鹏：《合意为本：人民调解协议司法确认之应然基调》，第 133 页。
[75] 同上注，第 132 页。
[76] 同上注，第 133 页。

司法行政和审判兼而有之的性质[77],决定了司法确认审查更多的是形式和书面审查,其审查方式取决于申请确认调解协议的产生形式,对调解协议的审查按照类型不同而各有侧重。具体而言,对于诉前调解的司法确认可以比纯粹的诉外调解的司法确认在程序上可以更加简化。[78] 有论者认为应当以形式审查为主,在特殊情况下可以采用实质审查,因为形式审查有利于提高效率,正好契合司法确认程序追求高效简速的目标需求;对于当事人提交不真实的材料导致了错误的司法确认,可以设置相应的对当事人和案外人的救济渠道。[79]

3. 形式审查加实质审查

持该观点者认为,应进行形式审查加实质审查:实质性的审查才能保证民间协议由一般约束力向法定强制执行力的转变中不至于出现问题;不进行实质性审查有可能使得一些违反法律规定,侵害国家利益、社会利益,以及案外他人合法利益的调解协议获得法定的强制执行力,从而损害国家、社会以及案外他人的合法利益。[80]

---

[77] 姜世明:《非讼事件法新论》,台湾新学林出版股份有限公司2011年版,第4—14页。

[78] 谭筱清、王莉娟:《调解协议司法确认程序若干问题的理解与适用——兼评现行〈民事诉讼法〉第194、195条及相关条文》,第90页。

[79] 胡辉:《人民调解协议之司法确认程序再探——以程序运行为中心》,第80页。

[80] 廖中洪:《民事司法确认程序若干问题研究》,第26页;卫彦明、蒋惠岭、向国慧:《关于人民调解协议司法确认程序的若干规定的理解与适用》,第14—15页。

有论者认为法院对申请司法确认的调解协议的审查,应当以实质审查为主,即要审查调解协议是否违反法律、法规强制性规定,是否侵害国家利益、社会公共利益,是否侵害案外人合法权益,是否损害社会公序良俗等。[81] 而有论者认为审查的内容应包括:协议内容具备可执行性、调解协议实体有效。该论者指出,关于审查范围的争议焦点是,是否允许当事人在司法确认程序中提起实体抗辩。[82]

有论者将审查方式区分了两个阶段:第一个阶段是对调解协议进行司法确认;第二个阶段是对调解协议效力的救济审理。第一阶段应审查其形式条件和是否明显违反社会公共秩序的规定即可,应以程序审查为主,辅以适度的实体审查;在第二个阶段中,由于一方当事人提出对调解协议效力的质疑,并提供证据证明违背自己的真实意愿,此时法官介入实质审查。[83]

另外,对于审查的具体内容及其重点,众论者有不同观点。有观点认为审查的重点在于是否自愿和合法[84],有观点认为审查应当以是否侵犯第三人的合法权益为中心[85];有论者对审查内容进行了详细的分析,认为应包括主体方面的审查(人民调解委员会的设置、人民调解员的资质、纠纷双方当事人行为能力及调解时是否到场、利害关系人是否到场)、调解

---

[81] 王慧:《适用司法确认程序的若干问题研究》,第150页。

[82] 周翠:《司法确认程序之探讨——对〈民事诉讼法〉第194、195条的解释》,载《当代法学》2014年第2期,第91—93页。

[83] 周建华:《论调解协议的司法确认程序》,第130页。

[84] 潘剑锋:《论司法确认》,第47页;郭志远:《调解协议司法确认制度实施问题研究》,第187页。

[85] 邵华:《论调解协议的司法确认:效力、价值及程序审查》,载《政治与法律》2011年第10期,第113页。

范围方面的审查、调解依据方面的审查和调解程序方面的审查。[86]

(八) 不予司法确认的情形

比较有代表性的观点认为,不予司法确认的调解协议包括不具有执行性(不具有给付内容)的调解协议、确认物权关系的调解协议、形成性的调解协议、关于诉讼契约的内容(如含有限制对方诉权或信访权利的条款)和附生效条件的调解协议。[87]

有论者着重分析了缺乏可执行性的情形:一是文书制作不规范而影响可执行性,属于可补正的范围;二是即使经过规范化补正之后,调解协议的内容仍然不明确,不属于受理范围;三是调解协议的内容是明确的,但是没有执行内容,没有必要确认;四是调解协议的内容是明确的,但是无法执行或可能无法执行,不应予以司法确认。[88]

(九) 申请司法确认的期限

关于申请司法确认的期限,有论者认为,应按民事合同诉

---

[86] 杜承秀:《司法确认人民调解协议之路径分析——审查内容的视角》,载《广西政法管理干部学院学报》2012年第1期,第95—97页。

[87] 张自合:《论人民调解协议司法确认程序的完善》,第23—24页;胡晓霞:《人民调解协议司法确认程序疑难问题研究——以人民调解协议变更、撤销及无效认定为视角》,载《政治与法律》2013年第3期,第150页。

[88] 刘王芳、朱嵘:《调解协议司法确认与执行程序的衔接》,第90页。

讼时效计算。[89] 有论者认为期间的起算点应该统一到《人民调解法》第 33 条的规定上来。对于当事人申请确认的期间长短考量因素，认为应以保护其确认利益为中心，不宜过长，否则会使当事人反悔的概率成倍增加，从而致使"被反悔方"当事人的确认利益受损，且不利于民事法律关系的稳定。基于此将其规定为 7 日至 15 日之间皆属良策。有论者提出有必要通过立法或在司法解释中对调解协议提请司法确认的日期进行补充规定，确定该日期可以适用诉讼时效顺延、中断事由的规定，但主张顺延、中断事由的当事人有提供证据加以证明的义务。[90] 刚性规定缺乏对现实情况复杂性的充分考虑，不利于保护当事人的权益。有论者认为，人民调解协议的司法确认期限应变刚性规定为弹性规定，即双方当事人自调解协议生效之日起 30 日内向人民法院提出司法确认申请，该日期适用诉讼时效顺延、中断事由的规定。[91]

（十）司法确认案件的审查方式

1. 书面方式为主

有论者认为对于有的申请人而言，开庭审查是存在较大困难的，特别是对于一些行动不便的老年人、残疾人以及有特殊原因不便出庭的人。为此，审查方式应当分为两种类型：一是

---

〔89〕 邱淑贞：《我国非诉调解协议司法确认机制研究》，载《知识经济》2011 年第 4 期，第 23 页。

〔90〕 郭志远：《调解协议司法确认制度实施问题研究》，第 184 页。

〔91〕 乔书兰：《对完善人民调解协议司法确认制度的考量》，第 38 页。

开庭审查,即当事人双方同时到庭的审查;二是特定条件下的书面审查,即一方当事人或者双方当事人都不必须到庭,由法官对申请材料进行书面审查。[92]

有论者认为,明确以书面审理为原则,应明确何时才能构成例外。《司法确认程序规定》规定:"人民法院在必要时可以通知双方当事人同时到场,当面询问当事人",对此,有论者认为,这一规定忽略了当事人补充书面材料的权利和调委会的补充义务。

有论者认为应区分对待简单案件和重大案件,简单的司法确认案件,以书面审查为主,而较为重大的司法确认案件,应当以庭审审查的方式为主,辅以必要的证据调查。[93]

2. 开庭方式为主

有论者认同《诉非衔接意见》的规定,主张适用简易程序、独任制,双方必须同时到庭。[94] 有论者认为应严格要求当事人双方同时到庭,以确保合意的真实性。[95]

有论者认为应以开庭审理为原则。人民法院是采取书面形式还是采取开庭形式对人民调解协议进行司法审查,完全取决于人民法院认为有无必要。如此规定一方面赋予了法院毫无节制的自由裁量权,有损法治原则;另一方面也不利于法院在实

---

[92] 廖中洪:《民事司法确认程序若干问题研究》,第 25 页。

[93] 卫彦明、蒋惠岭、向国慧:《关于人民调解协议司法确认程序的若干规定的理解与适用》,第 14 页。

[94] 姚小林:《司法确认的诉调对接试验及其法治完善》,第 100 页;朱腾飞:《调解协议司法确认机制研究》,第 69 页。

[95] 邵华:《论调解协议的司法确认:效力、价值及程序审查》,第 114 页。

践中具体决定审查方式。该论者认为,司法审查人民调解协议活动实质上牵涉到司法权、社会组织自治权和公民私权利的冲突及协调关系,不可不认真操作,所以,一般情况下,当采取开庭审查形式。[96]

《民诉法解释》第 358 条第 1 款规定:"人民法院审查相关情况时,应当通知双方当事人共同到场对案件进行核实。"基于此,有论者认为,应当针对不同案件类型采取有区别的当面询问审查形式。对普通确认案件,审判人员可以书面审查当事人申请、调解协议、有关证明材料等,结合简要询问来确定是否符合确认条件。对可能存在虚假调解或审判人员认为需要重点审查的,应该当面重点询问或隔离询问,必要时开展实体审查及证据调查。[97]

(十一)司法确认案件的诉讼费用

有论者认为诉讼费用一律减半收取[98],有论者认为参照简易程序减半收取,有条件的法院不收取[99]。有论者提出申请费应由双方负担,不宜过高。[100]

---

[96] 张显伟、杜承秀:《制度与实践的悖离——司法确认人民调解协议制度的反思》,载《广西民族大学学报(哲学社会科学版)》2013 年第 2 期,第 142 页。

[97] 李庆:《司法确认的实践困惑与程序续造——基于 B 市辖区基层法院的实证分析》,载《合肥工业大学学报(社会科学版)》2016 年第 2 期,第 34 页。

[98] 杨雅妮:《诉外调解协议的"司法确认"程序探析——以"和谐社会"构建为背景的分析》,第 219 页。

[99] 邱淑贞:《我国非诉调解协议司法确认机制研究》,第 23 页。

[100] 段俏丽、滑洁:《人民调解协议司法确认制度之初探》,载《新疆警官高等专科学校学报》2011 年第 2 期,第 61 页。

还有观点认为不应收取费用。[101] 有论者指出，免收确认费用，降低程序启动的门槛，无疑可以极大地提高当事人申请确认的积极性，从而发挥程序机制的功能。此外，免收确认费用还可以与人民调解不收费的规定和立法精神保持一致。其实，免收确认费用也不致过多增加法院的负担。有论者还讨论了免收费用相关的配套措施。[102]

有论者认为司法确认案件免交诉讼费亟待改变。诉讼费免交意味着诉讼公共成本和诉讼私人成本全部转移给整个社会负担。在诉讼收费制定权限已经收归国务院的情况下，最高法院的司法解释实属越权。该论者认为，在国务院没有修订《诉讼费用交纳办法》的前提下，法院对司法确认案件即使不按财产案件收取其他费用，至少应当比照公示催告收费办法，每件收取 100 元案件受理费。[103]

（十二）部分司法确认

有论者在总结定西经验时，提出了限制对方诉权或信访权利的协议和缺乏执行内容的条款是否属于确认范围的问题，因为定西法院对调解协议是一种整体确认。[104] 有论者认为应当

---

[101] 朱腾飞：《调解协议司法确认机制研究》，第 70 页。

[102] 胡辉：《人民调解协议的司法确认程序初探——以程序的启动为中心》，第 62 页。

[103] 谭筱清、王莉娟：《调解协议司法确认程序若干问题的理解与适用——兼评现行〈民事诉讼法〉第 194、195 条及相关条文》，第 92 页。

[104] 杨磊、曹焱：《定西法院人民调解协议诉前司法确认机制调研报告》，载《司法改革论评》2010 年第 00 期，第 100 页。

允许部分确认。[105] 有论者探讨了法院对在内容上部分有效或部分无效的调解协议司法确认申请应否受理的问题，认为可以在立法或司法解释中进一步明确规定，对驳回申请的调解协议不符合法律规定的情形进行细化，并规定法院可以对此作出全部无效和部分无效两种驳回申请的裁定。[106]

（十三）驳回确认申请后的处理

有论者认为，可以考虑在现行司法确认程序的基础上，规定一种转换程序，规定法院确认调解协议无效后，当事人之间的纠纷直接进入司法程序，法院对当事人之间的纠纷依法进行审理，以期不论通过何种方式结案都能对当事人之间的纠纷做最终了断。[107] 有相反观点认为，人民法院对申请人达成的调解协议效力不予确认要求当事人要么重新达成协议向法院申请司法确认，要么诉至法院，这忽视了当事人在法院不予确认时可以自动履行了结纠纷，从而将当事人自治性解决纠纷机制排除在法院解决纠纷的视野之外。[108]

（十四）司法确认案件的裁判文书

1. 决定

《诉非衔接意见》采用的是决定，以区别法院自行主持的诉

---

[105] 桂华乔：《论人民调解协议司法确认机制完善》，载《黑河学刊》2012年第6期，第65页。

[106] 郭志远：《调解协议司法确认制度实施问题研究》，第186页。

[107] 张玲：《试析司法确认对克服人民调解协议效力局限性的不足》，第81页。

[108] 洪冬英：《论调解协议效力的司法审查》，第117页。

讼调解,有论者认为这突出了法院审判权对调解工作的监督和认可,因此采用决定书较为妥当。[109]同论者认为,决定书具有灵活的特点,既可以作出确认决定书,也可以作出不确认决定书,其比其他法律文书更加符合现实需要。[110]

持反对观点者不在少数。有论者认为,决定不仅实质上与人民法院有关司法确认行为的性质完全不同,而且"决定书"不能作为强制执行的依据。[111]赋予私文书执行力的事项显然不是"诉讼"中的特殊事项的范围,不适合用决定书。[112]决定处理的事项一般认为是法院行使司法审判权之外的行政管理权的结果。而法院对人民调解协议的司法审查应当是其司法审判权的一种表现形式,而非一种行政管理权。[113]决定用于程序事项,且决定事项未纳入审判监督范围。[114]另有论者指出,将司法确认程序的法律文书定为决定书,就排除了检察院的抗诉权,因此不宜使用决定。[115]

---

[109] 朱腾飞:《调解协议司法确认机制研究》,第70页;邱淑贞:《我国非诉调解协议司法确认机制研究》,第23页。

[110] 卫彦明、蒋惠岭、向国慧:《关于人民调解协议司法确认程序的若干规定的理解与适用》,第37—38页。

[111] 廖中洪:《民事司法确认程序若干问题研究》,第27页。

[112] 张自合:《论人民调解协议司法确认程序的完善》,第24页。

[113] 吕娜娜:《我国人民调解协议司法确认制度评析》,载《广西政法管理干部学院学报》2011年第4期,第96页。

[114] 段俏丽、滑洁:《人民调解协议司法确认制度之初探》,第62页。

[115] 胡军辉:《论人民调解司法确认文书的形式》,载《湘潭大学学报(哲学社会科学版)》2014年第6期,第26页。

2. 裁定

非讼程序中的裁判文书，理论上通说为裁定形式，2012修改后的《民事诉讼法》第 195 条认可了以裁定进行司法确认的做法。[116] 有论者认为裁定处理是程序问题，共同申请或一方申请另一方同意的启动机制，使得无需另外设置新的裁判形式。[117] 裁定书作为执行依据在各地法院的认同度比较高，便于申请人实现实体权利；在民事诉讼框架下，裁定书既体现了司法确认案件的实质审查特点，也不同于法院诉讼调解后制作的调解书；裁定书既可用于实体事项又可用于程序事项[118]；与仲裁相一致，以尊重和贯彻当事人在人民调解协议中达成的合意为考量的基点，将裁定书作为司法确认的形式较为妥当。[119] 民事诉讼法修法最终确定适用裁定书，既是考虑法院裁判文书统一性，也兼顾了申请再审程序的要求。现行《民事诉讼法》修订时考虑不符合司法确认条件的申请，应当比照不符合起诉条件的起诉，统一用裁定书驳回申请更具有说服力，

---

[116] 刘显鹏：《合意为本：人民调解协议司法确认之应然基调》，第 133—134 页。

[117] 董少谋：《人民调解协议诉前司法审查确认机制探究——兼谈执行许可宣告程序之建构》，第 10 页；董少谋：《执行许可宣告程序之构建——兼谈人民调解协议诉前司法审查确认机制》，第 398—399 页。

[118] 翟小芳、张倩晗：《构建符合国情的人民调解协议司法确认制度》，第 283 页。

[119] 刘显鹏：《合意为本：人民调解协议司法确认之应然基调》，第 134 页。

也符合适用裁定书的法律规定。[120]

反对者认为将司法确认案件的实体审查特点作为采用裁定书的理由与传统理论存在冲突。另外，司法确认"裁定书"与民事裁定程序原理相冲突。司法确认"裁定书"与现行再审制度存在冲突，人民调解司法确认程序没有正常对抗式审理程序，依据现有的再审事由不可能对人民调解司法确认裁定启动再审程序。司法确认"裁定书"与现行裁判文书公开制度也存在冲突。[121]

3. 判决书

有学者从救济的角度认为需要改变司法确认案件的裁决方式，即用合意判决代替当时现行的"决定"。[122]

4. 确认书

持该观点者认为司法确认程序是一种区别于已有程序的一项独立的司法程序，进而认为人民法院对于非讼调解协议的确认应当使用"确认书"的法律文书形式。[123]"确认书"的字表含义与确认性质十分明确，不会引发歧义，而且便于与我国《民事诉讼法》其他有关法律文书的规定相互区别，也充分表现了人民法院民事司法确认行为的性质与功能。[124]

---

[120] 谭筱清、王莉娟：《调解协议司法确认程序若干问题的理解与适用——兼评现行〈民事诉讼法〉第194、195条及相关条文》，第91页。

[121] 胡军辉：《论人民调解司法确认文书的形式》，第27页。

[122] 吕辉：《论人民调解协议的司法确认程序》，第64页。

[123] 廖中洪：《民事司法确认程序若干问题研究》，第28页。

[124] 潘剑锋：《论司法确认》，第47页。

反对者除了认为没有必要创设新的文书形式外，指出确认书难以适用于不予确认的情况。[125]

5. 调解书

有论者认为不用创立司法确认书这一新的形式，因为调解书是现行法律规定的裁判形式之一，且调解书与司法确认书效果相同。[126] 有支持者指出，第一，调解书可节约司法确认程序建构成本并避免立法冲突；第二，调解书与司法确认程序的性质与结构相匹配；第三，调解书与司法确认程序的制度目的与价值取向相吻合。[127]

反对者认为法院根据诉讼外调解协议的内容制作法院调解书的做法是牵强附会的，因为当事人只是向法院提出诉讼外调解协议司法确认申请，根本没有要求法院调解，法院也没有进行调解。[128]

（十五）司法确认文书的既判力

有论者指出，司法确认一旦以决定书的面貌出现，讨论其既判力似乎不是一个太合适的问题。但司法确认决定的实质内容是对当事人权利义务的处分，讨论既判力又是必要的。[129]

---

[125] 卫彦明、蒋惠岭、向国慧：《关于人民调解协议司法确认程序的若干规定的理解与适用》，第 37 页。

[126] 段俏丽、滑洁：《人民调解协议司法确认制度之初探》，第 62 页。

[127] 胡军辉：《论人民调解司法确认文书的形式》，第 29 页。

[128] 刘敏：《论诉讼外调解协议的司法确认》，第 147 页。

[129] 邵华：《论调解协议的司法确认：效力、价值及程序审查》，第 109—110 页。

1. 消极既判力说

有论者对于得到司法确认的内容是否具有既判力，区分了积极效力和消极效力。其认为对于既判力的积极效力，认为可以比照和解，对诉讼上和解是否具有既判力的问题抱有相当消极或保留的态度构成了学界的主流，因此从法理逻辑很难推导司法确认的内容是否具有既判力的积极效力。对于既判力的消极效力，其认为，鉴于决定的作出基于非讼的简便程序这一事实，不宜给予肯定的回答。[130] 有论者认为，应当排除既判力的积极效果，但消极效果是制度目的的必然要求。[131]

有论者从实际出发，认为因为人民调解对权利义务的认定没有经过法定程序，也不存在严格适用法律的问题，所以不适宜赋予其既判力的积极效力。但为了让司法确认制度能实现诉与非诉对接的功能，建议对经过司法确认的调解协议所涉争议事项具备诉讼法上消极意义的既判力，即具有"一事不再理"的法律效果。[132]

2. 无既判力说

有论者对比了司法确认与法院调解的区别，认为司法确认与和解类似，以当事人的合意为核心，法院不过加以斡旋，且就和解的内容作形式上的审查而已，并未令当事人就和解是否

---

[130] 王亚新：《诉调对接和对调解协议的司法审查》，第35页。

[131] 郑荣聪：《论司法确认的效力及其瑕疵救济》，载《西南政法大学学报》2014年第1期，第122—123页。

[132] 邵华：《论调解协议的司法确认：效力、价值及程序审查》，第111页。

存在瑕疵提出充分的攻击防御方法后作出诉讼上的判断,故不能遮断当事人瑕疵之主张,进而认为司法确认决定书无既判力。[133]

同观点者不赞同赋予司法确认决定以既判力,除却司法确认程序缺少对当事人必要且充分的程序保障这一理由外,另有如下三个理由:(1)在司法确认程序中,法院并不进行类似于诉讼中的庭审调查和事实认定,也不适用法律对当事人之间的权利义务关系进行判断;(2)我国并不承认合意判决;(3)防范虚假司法确认之必要。[134]

有论者认为司法确认裁判的效力根据在于非讼裁判权的运用和当事人的合意,在内容上包括形式确定力、形成力、执行力,但不包括既判力即实质确定力。[135]

有论者梳理了既判力正当性的学说,如"actio 消耗理论"、新诉讼法说、程序保障论下的自我责任、二元论等,并指出二元论是学界主流观点,法安定原则和程序保障论下的自我责任原则相互联结,不可偏废。该论者基于此认为,司法确认决定并不齐聚赋予既判力之成熟条件,不应具有既判力。具体的理由论述涉及程序保障、设立初衷、比较法视野等方面。[136]

---

[133] 洪冬英:《论调解协议效力的司法审查》,第 115 页。

[134] 唐力:《非讼民事调解协议司法确认程序若干问题研究——兼论〈中华人民共和国民事诉讼法修正案(草案)〉第 38、39 条》,第 108 页。

[135] 郝振江:《论人民调解协议司法确认裁判的效力》,载《法律科学(西北政法大学学报)》2013 年第 2 期,第 174 页。

[136] 李德惠:《论调解协议之司法确认制度》,载《吉林工商学院学报》2015 年第 6 期,第 86—87 页。

3. 区分说

持该观点者认为，在双方共同申请司法确认模式下，审查程序给予了双方当事人足够的程序保障，司法确认裁定在当事人之间具有既判力。[137] 但在单方申请模式下，司法确认裁定更多地体现出非讼裁定的性质，即司法确认裁定并无既判力。如果调解协议的另一方当事人在规定期限内未起诉的，司法确认裁定在调解协议当事人之间产生与确定判决相同的既判力。但是，司法确认裁定的既判力并不及于案外人。[138]

4. 既判力说

持该观点者认为，在人民调解委员会等具有调解职能的组织主持下进行的调解虽然在程序规则上不如法院审判那么精细，但是法律也对调解应遵守的原则、调解员任职资格等进行了明确的规定。调解也是以查清事实为基础、双方自愿就某些事项进行处分从而达成调解协议，在此基础上当事人的基本权利能够得到保障。而且当事人申请法院进行司法确认时，仍需提供必要的证据对调解协议达成的自愿性等问题进行证明。法院进行审查时认为必要的可以当面询问当事人，在程序上已经给当事人充足的保障。在此基础上作出的裁判自然具有预决的效力，后诉法院应予以遵守。[139]

---

[137] 卫彦明、蒋惠岭、向国慧：《关于人民调解协议司法确认程序的若干规定的理解与适用》，第15页。

[138] 张自合：《论人民调解协议司法确认程序的完善》，第25页。

[139] 郭海洋：《关于司法确认程序若干问题的思考》，载《公民与法》2014年第1期，第20页。

对于实质既判力，有论者列举了可能的三种见解。其一，即前论中提及的否认实质既判力；其二，司法确认书、驳回司法确认申请的裁定均发生实质既判力，而且这两个裁定的实质既判力的范围也涵盖"法院对人民调解协议效力的确认"；其三，司法确认书虽然发生实质既判力，但其不等同于宣告人民调解协议有效；同样，驳回司法确认申请之裁定，也不等同于确认"人民调解协议无效"。该论者认为，我国未来应当持哪种意见，取决于对司法确认程序功能的认识。如果承认司法确认程序的功能仅在于"将人民调解协议（私文书）转化为发生执行力的司法确认书（公文书）"，那么法院在此程序内作成的裁定当然应当发生实质既判力（"阻止矛盾判决"和"先决判决的拘束力"）。如果从诉讼经济与集中的考量出发，我国未来采纳前述第二种观点也即德国的少数观点，亦无不可，但其弊端在于牺牲了当事人的上诉利益，但在一定程度上也最符合《人民调解法》立法者的意图。[140]

（十六）司法确认案件的救济程序

1. 申请撤销

《司法确认程序规定》第 10 条规定了司法确认案件之案外人权利的救济方式，案外人可向作出确认决定的人民法院申请撤销确认决定。有论者认为人民法院审理此类案件仍需适用特别程序，此程序仅需审理是否存在人民调解协议侵害案外人利

---

[140] 周翠：《司法确认程序之探讨——对〈民事诉讼法〉第 194、195 条的解释》，第 95 页。

益的情况。[141] 有论者认为第三人应当以向原审法院申请的方式，并适用原司法确认程序予以撤销并作出新的决定，而非提起第三人撤销之诉。[142]

有论者将主体拓展，认为当事人、利害关系人可以申请撤销司法确认决定，法院可以主动撤销司法确认决定，这种司法确认决定的撤销程序不是现行法上的审判监督程序，因为法院对诉讼外调解协议的司法确认程序不是一个通常的审判程序。从这个意义上说，按照现行法律，检察院是无权对司法确认决定进行抗诉的。[143] 同论者认为从非讼案件快速解决的角度来说，应当规定调解协议司法确认错误的，可以由相关利益主体直接向作出司法确认裁定的法院申请撤销该裁定。[144]

对于当事人的救济方式，有论者区分了司法确认书生效与未生效，认为对于还未生效的司法确认决定书，一方当事人提出调解协议违法或是受胁迫的而非自愿的而申请撤销司法确认决定书的，法院应该及时审查，对于情况属实的，应由原审判组织及时做出不予确认的裁定书。而对于已经生效的，则参照审判监督程序。[145]

---

[141] 翟小芳、张倩晗：《构建符合国情的人民调解协议司法确认制度》，第 283 页。

[142] 唐力：《非讼民事调解协议司法确认程序若干问题研究——兼论〈中华人民共和国民事诉讼法修正案（草案）〉第 38、39 条》，第 109 页。

[143] 刘敏：《论诉讼外调解协议的司法确认》，第 148 页。

[144] 刘王芳、朱嵘：《调解协议司法确认与执行程序的衔接》，第 92 页。

[145] 朱素明：《人民调解协议司法确认制度的发展及其完善》，第 19 页。

2. 检察监督

有论者认为，不能允许当事人在司法确认后提起上诉或复议，可以赋予检察院抗诉权。[146] 有论者认为，当检察院发现当事人双方的调解协议有损国家利益或社会公共利益时，除提出再审检察建议、进行抗诉外，还可以以民事公诉的方式提出公益诉讼，要求确认调解协议无效。[147] 有论者认为，检察院如发现调解组织在调解中出现程序问题，则向其发司法建议书，以发挥法院对调解组织的指导作用。[148]

3. 申请再审

有论者认为，当事人或案外人对已生效的司法确认决定提出异议，或经人民法院发现，生效的司法确认决定确有错误的，应按照审判监督程序，以裁定书的形式依法撤销。[149] 有论者区分了当事人和案外人，认为对于启动再审程序，理论上可行，但在实践中并非易事，需要结合申请理由予以判断。其认为对于申请人的救济采用再审程序为宜；对于案外人的救济，与申请再审程序相比，采用执行异议为宜。[150] 有论者则主张可以改变原来的"决定"为"判决"而赋予当事人申请再审的权利，这只能在申请人是双方当事人的情形时允许。同时

---

[146] 朱腾飞：《调解协议司法确认机制研究》，第70页。
[147] 洪冬英：《论调解协议效力的司法审查》，第120页。
[148] 邱淑贞：《我国非诉调解协议司法确认机制研究》，第23页。
[149] 同上注，第23页。
[150] 姚婷婷：《防范和规制虚假司法确认》，载《广西政法管理干部学院学报》2014年第2期，第92页；姚婷婷：《浅析虚假司法确认的防范和规制》，载《河北青年管理干部学院学报》2014年第2期，第76页。

也必须明确，司法确认书被撤销后，不宜直接进入再审，纠纷的解决可以由当事人启动诉讼实现。[151]

反对者认为不能按照再审程序进行救济，理由包括：（1）司法确认程序采一审终审制，制度上并未为当事人提供审级救济的程序保障，按诉讼法理，原则上不能上诉之裁判也无再审救济之必要。（2）再审程序是对原裁判在事实认定、法律适用等方面存在的错误进行审理并加以纠正，而在司法确认案件的审理中，法院并不对案件事实本身进行审理，也不适用法律对案件实体关系作出裁判；（3）适用略式程序作出的确认决定若适用再审程序加以纠正，显得极不协调而正当性存疑。[152] 另外，有论者从合意形成的时间出发认为不应动用再审程序救济，其认为司法确认决定的效力依据是当事人合意，合意形成之前当事人基于理性人的考虑已经充分预测到了它可能产生的后果，所以调解协议一经确认，当事人就应当履行。至于后来因裁判基础发生变化对当事人形成的裁判不当，并非再审制度能够解决的问题，只能通过裁判变更制度的改革才能使其获得救济。[153] 还有论者从再审程序发动、性质、功能的角度展开论述。[154]

---

[151] 朱腾飞：《调解协议司法确认机制研究》，第70页。

[152] 唐力：《非讼民事调解协议司法确认程序若干问题研究——兼论〈中华人民共和国民事诉讼法修正案（草案）〉第38、39条》，第109页。

[153] 郝振江：《论人民调解协议司法确认裁判的效力》，第176页。

[154] 陈冰：《司法确认与诉权保障》，载《前沿》2013年第24期，第75页。

4. 诉讼

有论者认为,在"确认书"已经生效的条件下,对于案外人的救济,无论是从程序法理还是司法实践的角度上看,都应当采用另行起诉的方式,而不是重新确认的方式。[155] 同论者兼论了当事人和案外人,认为鉴于异议在实体权利、义务上的争议性,依理在解决的方式与方法上就应当采用诉讼的方式而不是重新确认的方式。同时,从程序法理的角度上看,如果采用重新确认的方式以及适用民事司法确认程序,不仅申请重新确定异议人与原申请确认非讼调解协议当事人双方,各自的程序地位、权利、义务等诸多问题无法确定,而且原来确认程序所规定的相关程序要素都必须进行更改,或者重新设置致使原有的确认程序根本无法适用。[156]

有论者认为案外人可提起第三人撤销之诉。[157] 有论者认同司法确认书发生形式既判力、实质既判力、执行力,继而认为在"是否允许债务人或案外人消灭该裁定的执行力"这一问题上,可通过执行异议之诉和变更之诉的形式。[158]

(十七)虚假司法确认

有论者分析了虚假司法确认的界定,指出须重点关注的案

---

[155] 廖中洪:《民事司法确认程序若干问题研究》,第 28 页。

[156] 同上。

[157] 胡晓霞:《人民调解协议司法确认程序疑难问题研究——以人民调解协议变更、撤销及无效认定为视角》,第 152 页。

[158] 周翠:《司法确认程序之探讨——对〈民事诉讼法〉第 194、195 条的解释》,第 96 页。

件，将虚假司法确认发生的原因具体分析为非讼程序的固有缺陷如采取形式审查、缺乏法律制裁，申请人诚信缺失，申请人违法成本低、法院审判信息闭塞等，并相应地提出了对策。[159] 另有论者从筛选划分高危案件、细节审查主动甄别、事前警示签订承诺、惩处机制及时跟进等方面提出对策。[160]

---

[159] 姚婷婷:《防范和规制虚假司法确认》，第90页；姚婷婷:《浅析虚假司法确认的防范和规制》，第74—75页。

[160] 李庆:《司法确认的实践困惑与程序续造——基于B市辖区基层法院的实证分析》，第34页。

第二章

司法确认程序何以生成的制度史分析

作为2004年至今多元化纠纷解决机制建设被全国性立法确认的唯一成果,司法确认程序为甘肃省定西市法院系统所首先积极探索和不断完善,定位明确、步骤稳妥、措施扎实、效果明显的相关经验先后被最高人民法院制定规范性文件(含司法解释)和全国人大制定《人民调解法》和《民事诉讼法》修正案所吸纳。

2012年修改后的《民事诉讼法》有27章、284条,2015年2月施行的《民诉法解释》有23章、552条,有关证据、执行之专项性司法解释的出台为期不远。民事诉讼法的形式性渊源已在面对条文更多、篇幅更长、内容更难的情势,善意、准确地进行理解与适用将是很长一段时间内的最重要任务。理性地讨论既有条文的理解与适用问题,离不开对各种法律解释方法的综合使用,历史解释的方法当位列其中。

从已有的文献资料看,有关司法确认程序之功能的深度阐释和有关司法确认程序之基本构造的体系性建言严重匮乏,这与研究者未使用历史解释的方法有很大的关联,而历史解释方法的有效使用则需要以相关的制度史爬梳与分析为基点。

2014年10月中共中央《关于全面推进依法治国若干重大问题的决定》第五部分提出,要"健全社会矛盾纠纷预防化解机制,完善调解、仲裁、行政裁决、行政复议、诉讼等有机衔接、相互协调的多元化纠纷解决机制"。多元化纠纷解决机制的全面深化改革阶段由此启动,"国家制定发展战略,司法发挥保障作用,推动国家立法进程"的"新三步"战略随即取代了业已实现的"法院做好诉调对接,中央出台相关政策,改革成果转化为立法"的"老三步"战略。负有牵头之责、充当首要推动者角色的最高人民法院颇具自信地将极具复杂性与冲突性的多元化纠纷解决机制[1]确定为中国司法制度拟向世界作出贡献的代表之一,并雷厉风行地予以强势推动。先是在2015年1月发布文号为法〔2014〕358号的最高人民法院《关于确定多元化纠纷解决机制改革示范法院的决定》,在各高级人民法院辖区内共确定50个法院(12个中级人民法院,38个基层人民法院)为试点单位;后是在2015年4月9日于四川省眉山市组织召开全国法院多元化纠纷解决机制改革工作推进会

---

〔1〕 多元化纠纷解决机制的复杂性与冲突性已经为电视调解类节目的新近兴起所充分例证。具体分析可见 Colin S. Hawes, Shu yu Kong, Primetime Dispute Resolution: Reality TV Mediation Shows in China's "Harmonious Society", *Law and Society Review*, 2013, p. 742。

（亦称"眉山会议"）[2]，高规格地将"从单一走向多元，从平面走向立体，从初创走向成熟"作为未来的目标。2015年10月中央全面深化改革领导小组第17次会议通过的《关于完善矛盾纠纷多元化解机制的意见》提出要"建立健全有机衔接、协调联动、高效便捷的矛盾纠纷多元化解机制"。在全面推进依法治国和探寻制度自信的当下语境中，实现国家依法治理能力的现代化尤为需要多元化纠纷解决机制立足本土、关照实情地走向健全并发挥实效。顶层的目标设定与强力推动若要产生理想的效果，离不开基层改革者立足当地实情的细节谋划和正视区域差异的尽力作为。面对"蹄急而步稳"的拳拳期待，效仿先行者并善用其经验是基层改革者的最优选择。"逢司法改革艰难期，抱残守缺者无咎，积极进取者可赞。"[3] 当前的司法改革已至攻坚期，正遭遇着沉默的抵抗、冷眼的旁观和普遍的不作为，畏难求易、避实就虚的现象愈发严重，呼唤有担当意识的主体"想改革、谋改革、善改革"，及时把基层实践中的

---

[2] 眉山会议的与会者包括中央综治办、全国人大常委会法工委、最高人民检察院、公安部、民政部、司法部、人力资源和社会保障部、国土资源部、住建部、国家卫计委、国家工商总局、国务院法制办、银监会、证监会、保监会、国家信访局、全国总工会、全国妇联、共青团中央以及全国工商联等有关部门负责人，四川省人大、福建省厦门市人大常委会、中国贸促会调解中心、中国法律咨询中心、中国证券业协会证券纠纷调解中心、中国保险行业协会、中国互联网协会调解中心、北京仲裁委、上海经贸商事调解中心等单位和调解组织的代表，4名全国人大代表，4名专家学者，全国部分高级人民法院院长或分管院领导，全国50家多元化纠纷解决机制改革示范法院院长以及最高人民法院有关部门负责人。

[3] 刘加良：《当下中国纠纷解决的基本立场》，北京大学出版社2014年版，第53页。

理性认识提升为面上的制度创新。本章倡导并运用制度史和"向后看"的视角,坚持论从史出,从路径、策略、技术和关键四个维度,力争描述出司法确认程序生成的复杂性和可复制性,以图为今后的深度改革提供借鉴。

"在中国,理论和实践相脱节,彼此各说各话、缺乏互动的现象一直较为突出。这既不利于理论本身的发展和成熟,也不利于推进制度和实践的良性化和理性化。"[4] 张希坡的《马锡五审判方式》(1983年)和《马锡五与马锡五审判方式》(2013年)、侯欣一的《从司法为民到人民司法:陕甘宁边区大众化司法制度研究》(2007年)以及汪世荣等的《新中国司法制度的基石——陕甘宁边区高等法院(1937—1949)》(2011年)是学界公认有关中华人民共和国成立前司法制度史的出色作品。阅读这些作品时若持不求甚解的态度,很容易草率地得出"穷乡僻壤出经验"的判断。在这种惯性思维下,"定西做法"很容易被认定为"穷乡僻壤出经验"的当代范例,进而被追问其代表性和可复制性的有无及大小。追问者往往预设否定性的答案或者随时准备将关注点移往别处,此举背后执持"西方中心主义"和"沿海中心主义"、忽视基层司法创新的区域差异,想当然地认为沿海地区的司法创新能"包打天下",构成认知上的歧视与偏见。故本章的分析也意在提醒此种非理性认知实有尽快修正的必要。

---

[4] 龙宗智:《观察、分析法治实践的学术立场和方法》,载《法学研究》2011年第6期,第33页。

一、"定西做法"法律化的基本历程

定西市位于甘肃中部,地处黄河上游,通称"陇中",自然条件恶劣,所辖的一区六县均是国家重点扶持的贫困地区。定西市中级人民法院(以下简称定西中院)辖安定、通渭、陇西、临洮、渭源、漳县、岷县七个基层人民法院,40个人民法庭。渭源县2007年年底财政收入仅有2000多万元,农民人口占90%以上,农民人均纯收入1813元,全县成立235个人民调解委员会,有人民调解员1130多名,人民调解组织较为健全。渭源县法院下设会川、莲峰、北寨、庆坪、田家河五个人民法庭,截至2008年9月,该院核定中央政法编制为62人,实有干警57人。

2007年1月,定西中院时任院长时春明(2007年1月至2016年10月在任)在定西市二届人大一次会议上所作的法院工作报告中提出要开展"人民调解协议确认机制"的试点工作[5],对当事人没有反悔的人民调解协议在进入诉讼程序前进行确认。2007年3月,时春明在渭源县法院调研时,提出人民调解协议诉前司法确认的改革思路,渭源县法院党组经充分讨论后认为这一改革思路是实现人民调解与民事诉讼有效衔接的途径。[6] 2007年3月,定西中院决定首先在渭源县人民法院的会川人民法庭和莲峰人民法庭试点,首批试点的两个人

---

[5] 窦颖蓉:《关于定西法院人民调解协议诉前司法确认机制的调研报告》,兰州大学2009年法律硕士学位论文,第2页。

[6] 参见积石山县法院来渭源县法院考察人民调解协议诉前司法确认工作时的汇报材料(2008年4月22日)。

民法庭自2007年4月起开始受理确认案件,在几个月内成功确认了几起在当地有影响的案件。[7]会川人民法庭的试点在2007年上半年获时任定西市委常委、政法委书记李晓林(2006年11月至2010年3月在任)的充分肯定,莲峰人民法庭的试点在2007年8月底获时任甘肃省委常委、政法委书记罗笑虎(2007年4月至2014年1月在任)的高度评价。[8]会川人民法庭2007年办理19件,涉及人身损害赔偿、分家析产、土地承包经营权、赡养、相邻关系、道路通行等纠纷,绝大多数1日内办结,最长的不超过3日,当事人双方都比较满意,全部自动履行;2008年1月至6月办理15件,涉及财产损害赔偿、人身损害赔偿、相邻关系、婚约财产等纠纷。[9]渭源县人民法院时任院长安莉(2015年2月卸任)坦陈在试点之初便将确认的对象由人民调解协议扩展到各级行政机关、社会团体和各类法律服务机构主持达成的其他非诉调解协议,将案件类型不局限于一般民事纠纷,还扩展至轻微刑事违法行为引起的纠纷。[10]2007年6月10日,渭源县人民法院印发《渭源试行办法》。2007年4月至2010年4月渭源县人民法院共办理人民调解协议司法确认案件585件(占同期民事收案的21.12%,2007年至2009年分别办理89件、151件、270件,2008年1

---

〔7〕潘静、王智纲、徐彦:《渭源法院诉前司法确认机制见成效》,载《人民法院报》2010年7月19日,第1版。

〔8〕安莉:《支持人民调解、共建和谐社会》,定西市人民调解协议诉前司法确认机制司法改革试点现场交流会材料(2008年8月)。

〔9〕参见会川法庭2008年8月5日在渭源县多元化纠纷解决机制工作会议上的交流发言材料。

〔10〕周文馨:《诉前司法"确认"开辟解决纠纷新径》,载《法制日报》2007年9月3日,第8版。

月至 4 月办理 75 件），其中确认 583 件、不予确认两件，到期后自动履行 558 件，未到履行期 21 件，到期后立案执行 4 件[11]，审查期间平均不到两天、最短不到两个小时，案件类型主要是相邻权纠纷、土地承包经营权纠纷、人身财产损害赔偿纠纷、家庭纠纷、借款纠纷等常见性民间纠纷。[12] 因最先推行人民调解协议司法确认且成绩突出，渭源县人民法院 2007 年 8 月被甘肃省高级人民法院和司法厅授予全省指导人民调解工作先进集体，2008 年 3 月被甘肃省高院授予全省优秀法院，2009 年初负责指导人民调解工作的渭源县人民法院民一庭被最高人民法院评为全国法院民事审判工作先进集体。

2007 年 5 月 29 日，定西中院下发《关于开展"人民调解协议确认机制"试点工作的通知》，将渭源县人民法院确定为唯一试点法院，将其他六个基层法院的 8 个人民法庭新增为试点法庭，定西市域内的全面试点自此展开；12 个试点法庭在两个多月内共完成对 79 件人民调解协议的确认，当事人自动履行 73 件，其余 6 件自动履行期未到；"人民调解协议确认机制"的称谓此时已开始被酝酿改为"非诉调解协议确认机制"。2007 年 8 月 30 日，甘肃省委常委、政法委书记罗笑虎在全省人民调解工作电视电话会议上对定西法院的有益尝试予以肯定性评价，认为"值得认真总结推广"。[13] 2007 年 11 月，定西

---

〔11〕 2008 年 10 月 11 日下达司法确认文书的董淑琴与李淑琴健康权纠纷确认案是渭源县人民法院自 2007 年 4 月试点以来首件进入执行程序并采取强制执行措施的案例。

〔12〕 参见渭源县人民法院副院长司宏普 2010 年 5 月 21 日向甘肃省政法委调研组所作的关于诉前司法确认工作汇报的材料。

〔13〕 周文馨：《诉前司法"确认"开辟解决纠纷新径》，载《法制日报》2007 年 9 月 3 日，第 8 版。

中院制定并与定西市司法局联合下发《定西意见》(共 12 条)，对确认案件的范围、管辖、主要步骤、救济、费用缴纳、卷宗、统计予以规定，定西市域内的全面试行自 2008 年 1 月 1 日起开始。2007 年 5 月试点之后大约 14 个月的运行中，定西法院系统共确认人民调解协议 275 件，其中渭源县人民法院确认 139 件、临洮县人民法院确认 45 件、安定区人民法院确认 31 件、漳县人民法院确认 22 件。2008 年 5 月，最高人民法院在全国确定四个基层人民法院、三个中级人民法院、一个高级人民法院为首批多元化纠纷解决机制改革试点单位[14]，定西中院因在全国率先推行人民调解协议诉前司法确认机制而位列其中。[15] 2008 年 8 月 7 日，定西市人民调解协议诉前司法确认机制司法改革试点现场交流会在临洮县召开，定西中院院长与司法局局长出席。[16] 自 2007 年试点至 2008 年底，定西的基层人民法院共办理司法确认案件 846 件(2007 年为 173 件，2008 年为 673 件)，为同期基层人民法院一审民商事案件的 5.72%。[17] 经两年半的试点，定西法院系统共确认非诉调解协议 1417 件，不予确认 4 件，撤销 1 件，司法确认文书的自

---

[14] 全国首批多元化纠纷解决机制改革试点单位包括广东省东莞市第二人民法院(2009 年明确)、福建省厦门市同安区人民法院、重庆市渝中区人民法院、上海市浦东新区人民法院、甘肃省定西市中级人民法院、河北省廊坊市中级人民法院、云南省曲靖市中级人民法院、吉林省高级人民法院。

[15] 周文馨、赵志锋：《定西法院诉前司法"确认"运行状况调查》，载《法制日报》2008 年 8 月 26 日，第 8 版。

[16] 王芳：《调解诉前确认 化解矛盾纠纷》，载《甘肃法制报》2008 年 8 月 13 日，第 A02 版。

[17] 潘静、马剑勇、杨磊、曹焱：《诉前司法确认让调解之路越走越宽》，载《人民法院报》2009 年 6 月 17 日，第 1 版。

动履行率为98.87%,经诉前司法确认而进入强制执行程序的为16件(占1.13%);办案期限最长的为五天,最短的不到两个小时,平均办案期限为两天。[18] 2007年3月至2009年10月,定西法院系统共受理司法确认申请2116件,予以确认2107件,不予确认9件;在确认的2107件中,除1件因调解协议显失公平被撤销外,其余2106件中自动履行的为2084件,进入强制执行程序并得以执结的为22件(占1.04%)。2009年1月至10月,定西法院系统共确认非诉调解协议1261件,为同期基层法院审结民商事案件的20%,不予确认3件,司法确认文书的自动履行率为98.57%,只有18件进入强制执行程序。[19] 2007年3月至2010年6月底,定西法院系统共确认人民调解协议3395件,自动履行率为99.41%。[20] 2007年3月至2012年底,定西法院系统受理的确认调解协议案件占到基层法院一审民商事案件总数的22.8%,办理这些案件只用到法官资源的2.22%,自动履行率达99.26%。[21]

2007年9月3日,甘肃省委政法委以简报的形式对渭源县人民法院推行人民调解协议司法确认机制的具体做法、成效

---

[18] 马向东:《"人民调解协议诉前司法确认机制"上升到立法层面》,载《定西日报》2009年8月7日,第1版。

[19] 高继宗、朱红霞:《司法为民的"定西创新"——定西市实施"人民调解协议诉前司法确认机制"纪实》,载《定西日报》2009年11月10日,第3版。

[20] 周文馨、赵志锋:《独家披露地方经验入"法"的前前后后》,载《法制日报》2010年7月30日。

[21] 潘静:《定西市中级人民法院荣立集体一等功》,载《人民法院报》2013年2月22日,第1版。

和典型案例在全省内予以推广。[22] 2008 年 11 月中旬，甘肃省高级人民法院院长梁明远赴定西调研指导"诉前司法确认机制"，提出将在适当时候召开现场会，将其向全省推广。[23] 2009 年 5 月 15 日，甘肃省综治委、高级人民法院、司法厅以甘综治委 [2009] 4 号的名义印发《甘肃意见》（共三部分、16 条）。2009 年 5 月 22 日，甘肃省综治委、高级人民法院、司法厅在定西市联合举行全省推行人民调解协议诉前司法确认机制现场会，省委常委、政法委书记要求各级党委政府要把推广"定西做法"作为化解矛盾纠纷、维护社会和谐稳定的一件大事来抓。[24] 人民调解协议的司法确认由此在甘肃全省内铺开，案件受理数呈稳步上升的态势，在很多法院渐成常态性事项。2010 年、2011 年、2012 年上半年甘肃法院系统分别确认人民调解协议 3436 件、6035 件、2252 件。[25] 2010 年上半年，甘肃省高级人民法院就"全省诉前司法确认机制运行情况"进行的专题调研结果显示，多数地方已下发并正在实施党委政法委牵头制定或者由法院与司法行政部门联合制定的实施方案，但办理确认案件的法院相对较少，地区发展不平衡，诉前司法确认机制在全省基层的社会知晓度不高，部分法院的领导和法官

---

[22] 参见 2008 年 7 月 23 日的渭源县人民法院创建多元化纠纷解决机制先进事迹材料。

[23] 周文馨、赵志锋：《独家披露地方经验入"法"的前前后后》，载《法制日报》2010 年 7 月 30 日。

[24] 王雨：《积极推行调解协议诉前司法确认机制》，载《甘肃日报》2009 年 5 月 24 日，第 2 版。

[25] 赵志锋、周文馨：《人民调解 筑牢和谐稳定第一道防线》，载《法制日报》2012 年 11 月 5 日，第 4 版。

对此一知半解。[26]

2008年7月,最高人民法院时任副院长万鄂湘在定西检查指导时认为"定西做法"是一项机制创新,是践行"公正司法、一心为民"的具体体现。[27] 2009年3月31日至4月1日,最高人民法院司改办的方金刚、何帆、付育在甘肃省高级人民法院法官杨磊的陪同下,在定西中院和安宁区人民法院通过座谈会、查看卷宗的方式对人民调解协议诉前司法确认机制的试点运行情况进行调研,调研组认为"定西做法"是真正的机制创新。[28] 最高人民法院时任院长王胜俊指示做好经验总结[29],最高人民法院司改办在调研的基础上向中央政法委提交了《关于定西诉前司法确认机制情况的报告》。[30] 2009年7月24日,最高人民法院发布经中共中央批准的《诉非衔接意见》第四部分以六个条文(第20—25条)的较大篇幅就可申请司法确认之非诉调解协议的范围、确认案件的管辖法院、确认申请的提出、审理程序、不予司法确认的情形、确认决定的效力

---

[26] 周文馨、赵志锋:《独家披露地方经验入"法"的前前后后》,载《法制日报》2010年7月30日。

[27] 窦颖蓉:《关于定西法院人民调解协议诉前司法确认机制的调研报告》,兰州大学2009年法律硕士学位论文,第2页。

[28] 参见《最高人民法院司改办来定西法院调研"人民调解协议诉前司法确认机制"试点工作》,载http://www.dx.gansu.gov.cn/sfyy/zwgk/webinfo/2009/04/1238658539257578.htm,最后访问日期为2017年2月20日。

[29] 潘静、杨魏:《人民调解协议诉前司法确认机制是合力化解矛盾纠纷的良好平台——访甘肃省高级人民法院院长梁明远》,载《人民法院报》2009年7月28日,第1版。

[30] 金芙蓉、潘静:《定西"诉前司法确认"被纳入人民调解法(草案)》,载《甘肃法制报》2010年7月12日,第A01版。

等问题作出明确规定，定西法院系统在全国率先实践的"人民调解协议诉前司法确认机制"藉此得到全国性司法文件的肯定性提升。

2010年6月22日，《人民调解法（草案）》首次被提交第十一届全国人大常委会第十五次会议审议，该草案说明的主要内容分五部分，其第四部分肯定司法确认机制为人民调解与诉讼衔接的载体，并申明《人民调解法（草案）》以《诉非衔接意见》为根据而确立司法确认机制；2010年8月28日，第十一届全国人大常委会第十六次会议表决通过《人民调解法》。《人民调解法》不到两年半的立法过程[31]和表决通过前只经历的两次审议使得"定西做法"快速和顺利地被基本法律以外的其他法律纳入，司法确认程序的法律化得以初步完成。2011年3月23日，最高人民法院以法释〔2011〕5号的名义发布《司法确认程序规定》（共13条），同时公布司法确认申请书、受理通知书（受理司法确认申请用）、确认决定书（决定确认用）和不予确认决定书（决定不予确认用）四种文书样式，司法确认程序的规范化至此获得专门性司法解释的支撑，此一获评2011年度最高人民法院十大司法政策之一的司法解释得益于定西法院系统的试点[32]。2011年10月24日，《民事诉讼法修正案（草案）》首次被提交第十一届全国人大常委会第二十三次会议审议，该草案说明包括七个主要问题，从第一个主要问题"完善调解与诉讼相衔接的机制"的后半部分看，在特别程序中专节规定"确

---

[31] 2008年4月24日司法部成立《人民调解法》立法工作领导小组是《人民调解法》立法的起点。

[32] 银燕、白龙：《甘肃定西司法确认使调解更有力》，载《人民日报》2011年4月20日，第019版。

认调解协议案件"意在实现民事诉讼法和人民调解法的衔接；2012年8月31日，第十一届全国人大常务委员会第二十八次会议通过修法决定，"确认调解协议"专节（第194—195条）以新增板块的面目出现在法典当中，此举在丰富适用特别程序审理之案件类型的同时，使得司法确认程序拥有了基本法律层面的根据，确认人民调解协议案件的审级、审判组织和审理期限自此受特别程序第一节"一般规定"（第177—180条）的统摄，司法确认程序的法律化至此彻底完成。自2015年2月4日起施行的《民诉法解释》第十七章"特别程序"的第353—360条、第374条和第二十一章"执行程序"的第462条对司法确认程序的规则框架予以直接性的补强。在《民诉法解释》起草过程中，司法确认程序部分由于"事关重大、缺乏实践经验加之法律条文比较原则"而被列为"必须慎重起见，需要在全面论证的基础上进行专题攻关"的对象。[33]

二、司法确认程序的生成路径：混合模式与试点先行

（一）阶段细分与生成模式的混合性

一般认为，"自上而下"和"自下而上"是制度生成的两种基本模式。前者立足于演绎理性，强调顶层设计，注重总体规划，在防止方向跑偏方面更有能力，在确保核心事项和关键环节进而不乱方面更有优势，制度的尽快落地与有效贯彻依赖于基层对规定动作的良好完成；后者则立足于归纳理性，强调

---

[33] 孙佑海：《维护公平正义 便利人民诉讼》，载《人民法院报》2015年2月6日，第4版。

基层实践，注重先行先试，控制失败风险更为及时，确保基本思路和着力重点调而不乱更为灵活，制度的渐进推广和总结提升依赖于基层对自选动作的热情尝试。基层的不作为是"自上而下"模式的最大敌人，基层的乱作为是"自下而上"模式的最大敌人。在门类齐全、结构严密、内在协调的法律体系形成后，尊重、维护宪法和法律的权威至关重要，司法制度的创新须"于法有据"自不待言，基层的主动探索只可针对不涉及现行法律修改的事项，缺乏试点授权的"自下而上"模式将被以破坏法治的名义进行批评或制止。

"从地方到全国"是司法确认程序生成的粗略脉络。依据这一粗略脉络，容易断定司法确认程序的生成属于"自下而上"模式。显然这种断定没有周全地关照到制度生成的复杂性，是非此即彼的简单思维和惰性认知使然。以司法确认程序在定西市域内的全面试行为界分标志，司法确认程序的生成可分为两个阶段。"从定西到甘肃，再从甘肃到全国"是后一阶段，具有"自下而上"的特点。"从定西到渭源，试点区域不断扩大"是前一阶段，具有"自上而下"的特点。经由对生成阶段的细分，能透视出司法确认程序生成模式的客观混合性，进而能为相关制度框架的必要修补提供理性的视角。

在前一阶段中，定西中院扮演着主导的角色并对区域试点发挥着超常的影响力。首先，探索司法确认程序的创意来自定西中院并被写进经审议通过的定西中院工作报告。就制度创新而言，热情和勇气固然不可或缺，但创意更为重要。没有好的点子，制度创新难逃昙花一现、偃旗息鼓或功败垂成的命运。没有定西中院的创意，作为最先试点单位的渭源人民法院很难迅速打开局面并取得不俗成绩。经审议通过的定西中院工作报告是具有约束力的非立法性文件，载入其中的司法确认程序探索创意在变为举措之前即具备规范性文件的支撑，这在一定程度上为随后的试点奠定了有据可查的基础。其次，试点单位的确定权为定西中院完整保留并择机使用。"从局部试点到全面试点，再到全面试行"是定西中院探索司法确认程序的基本路径。虽然压力与机遇并存，但试点单位会更看重机遇，因为先行先试者成则荣誉加身、格外引人注目，败则情有可原、无须过度自责。在局部试点阶段，被定西中院授予试点单位资格的没有一个基层人民法院，只有渭源人民法院下辖的两个人民法庭，占定西 40 个人民法庭的 5%，先行先试被设定在很小的范围内，以便更好地控制制度试验失败的风险，体现出一种格外谨慎的态度。在两个最先试点的人民法庭几乎没有产生出典型案例和尚未取得起码的规模效益之前，定西中院间隔很短的时间便放弃谨慎求稳的态度，开始全面试点，把试点人民法庭增加到 10 个，实现 7 个基层人民法院机会均等，在基层人民法院之间激发竞争冲动、营造赶超氛围和助力先行先试尽快打开局面的意图十分明显。作为全面试点之初确定的唯一试点法院，渭源人民法院的积极性被有效地调动起来，自 2007 年 6 月开展确认工作至 7 月底，成功确认非诉调解协议 76 件，其中典型案例 7 件。再次，展示程序特性且具体可行的规范性文件由定西中院制定。定西中院在提出探索司法确认程序的创意时，并未武断地推出细则，把制定细则的空间预留给了更熟悉基层情况的试点单位，这是对基层智慧的正视和尊重。"不说不动"和"说一说，动一动"是无章可循的必然结果，有章可循是有序试点的基本前提。渭源人民法院的试点之所以在 2007 年中段突然发力，与《渭源试行办法》的印发有很大关联。

渭源人民法院依据这一文件进行的试点带有办理诉讼案件的诸多烙印，没有很好地体现出司法确认程序的特别之处。如审查采用公开开庭的方式、确认文书使用调解书或判决书。[34] 对比《定西意见》与《诉非衔接意见》《司法确认程序规定》和《民诉法解释》，可发现《定西意见》与最高人民法院制定的这三个规范性文件的共同之处远多于不同之处，《定西意见》为最高人民法院进行整体谋划提供了重要参考和高质量素材。质量上乘的《定西意见》下发后，《渭源试行办法》被渭源人民法院"及时废止"，以示对《定西意见》的尊重与支持。2008年1月1日起试行的《渭源实施办法》几乎是对《定西意见》不假思索地全盘照搬，唯一的例外是其第9条对"司法确认程序实行免费"的规定，但此规定与其第5条对"当事人应预交申请费"的规定明显矛盾。低级错误的出现足以展示《渭源实施办法》复制《定西意见》时的些许盲目与不严谨，也说明质量上乘的《定西意见》的确具备可资效仿与借鉴的优势。2008年7月17日起执行的《临洮办案制度》的最大亮点在于其第5条对"确认书内容和格式"的规定，该条的开头部分专门说明制定根据来自定西中院分管院长在临洮人民法院调研时的指导意见，定西中院对基层人民法院试点司法确认程序所产生的强势影响由此也可见一斑。

（二）试点先行与寻找实质合法性

司法确认程序授权人民法院对非诉调解协议进行司法审

---

[34] 徐彦平：《渭源县人民法院人民调解协议诉前司法确认机制实施情况调研》，定西市法院和司法行政系统"多元化解决矛盾纠纷机制"研讨论文（2008年8月12日）。

查，属于诉讼制度的范畴，而诉讼制度则属于立法保留的事项。2011年3月10日，吴邦国在十一届全国人大四次会议第二次全体会议上宣布，中国特色社会主义法律体系已经形成。定西法院系统探索司法确认程序早于我国法律体系形成四年之久。彼时若执行法律体系形成后司法制度的创新须"于法有据"的刚性准则，则需要国家立法机关在先修改法律、完成对相关内容的新增，司法确认程序方可试点。客观的说，如此的要求过于苛刻，与当时的情势不相符合。但法院作为制度创新的主体，理应知法、懂法、守法，此乃社会常识、官民共识，也是法院应有的道德自觉。所以，面对有关试点司法确认程序欠缺合法性的质疑，定西法院系统不是置之不理、充耳不闻，而是努力论证、积极回应，试图为创新探索找到合法性依据。

定西法院系统从形式和实质两个层面来为试点司法确认程序寻找合法性基础。就形式合法性而言，试点司法确认程序在立法性文件（宪法、法律、行政法规、地方性法规、自治条例、单行条例、国务院部门规章和地方政府规章）中均无法找到直接性依据。鉴于此，定西法院系统把寻找形式合法性的目光投向全国性的非立法性文件和政策。定西法院系统往往笼统地把2002年11月1日起施行的《涉人民调解协议案件规定》第1条、2004年11月1日起施行的《民事调解规定》第3条和2007年3月发布的《发挥诉讼调解积极作用意见》第9条、第11条罗列为试点司法确认程序的规范依据，并作如下分析性论证：既然《涉人民调解协议案件规定》第1条明确人民调解协议具有"民事合同性质"，人民调解协议即应受民事活动基本原则的规制，应必须遵守诚实信用原则、不得随意反悔；既然《民事调解规定》第3条第2款授权法院可确认诉讼中委托有关单位或个人主持调解达成的协议,人民调解委员会和行政机关主持达成的调解协议就同样可由法院予以确认。[35] 这样的分析性论证至少存在两方面的严重缺陷:(1)混淆了委托调解程序和司法确认程序的基本流程。在委托调解程序中,案件的流向是"法院内→法院外→法院内",案件系属于法院是委托调解程序启动的前提;在司法确认程序中,案件的流向是"法院外→法院内"。(2)以类推的方式混同了委托调解协议与非诉调解协议的界限。事实上,委托调解协议的达成几乎都会涉及司法权的运作,非诉调解协议的达成通常不会涉及司法权的运作。也许是因为自行认识到前述论证存在缺陷,定西法院系统很快承认"民诉法及最高法院的有关司法解释和有关法律文件只是为试点司法确认程序提供了间接的法律依据",认为试点没有突破宪法和法律的禁止性规定即可推行,同时清晰地把"符合党和国家构建和谐社会的大局,有利于贯彻'三个至上'指导思想,符合'人民利益至上'的最高司法原则和价值追求"当成试点司法确认程序最重要的法律依据。[36] 于是,政治话语压倒法理话语,继续追问被指为"自欺欺人","法无明文禁止即许可"成为自信的基点。论证话语的转换使得有关形式合法性的争论很快偃旗息鼓,避免了试点因争论的继续而裹足不前或草草收场,但也让定西法院系统顺带性地丧失了谋求立法机关

---

[35] 周文馨:《诉前司法"确认"开辟解决纠纷新径》,载《法制日报》2007年9月3日,第8版。

[36] 参见姬忠彪、王烨、徐元学:《定西,定兮!——定西"人民调解协议诉前司法确认机制"调查》,载《人民法院报》2009年3月3日,第8版;周文馨、赵志锋:《定西法院诉前司法"确认"运行状况调查》,载《法制日报》2008年8月26日,第8版。

授权以推进制度试验的绝好机会。

如果说定西法院系统为试点司法确认程序自下而上地寻找形式合法性层面的努力难以让人满意,那么其在寻找实质合法性层面的表现则相对出色很多。实质合法性是将针对试点司法确认程序的评价诉诸价值判断。定西法院系统试点司法确认程序的初衷具有可理解的自利性,期待藉此激活非诉调解、减少民间纠纷成案率、缓解法院案多人少的矛盾,渭源人民法院时任院长安莉在 2009 年初明确承认此点[37]。试点初衷的确定是基于人民调解调处民间纠纷数与法院审结民事案件数的对比结果。以 2006 年为例,渭源全县 235 个人民调解委员会受理民间纠纷 723 件、成功调处 702 件,1130 多名人民调解员人均调处不足一件;而渭源县人民法院一线民商事审判人员仅有的 21 人却办结民事案件 1109 件,人均办案 50 余件。[38] 人民调解组织的相对健全与人均民间纠纷调处量的极端不足之间形成刺眼的对比,法院办案压力的不断增加与本可由人民调解组织调处的民间纠纷得不到有效分流之间存在高度的关联。所以,"在短时间内疏减讼压"被设定为试点司法确认程序的初始目标。然而,试点并未立竿见影,初始目标的实现遇到障碍,支撑试点之持续性的价值基础亟待转换,定西法院系统遂将视野聚焦于谋求基层稳定的大局上,与"国家重点关注解决纠纷和

---

[37] 参见姬忠彪、王烨、徐元学:《定西,定兮!——定西"人民调解协议诉前司法确认机制"调查》,载《人民法院报》2009 年 3 月 3 日,第 8 版。

[38] 银燕、白龙:《甘肃定西司法确认使调解更有力》,载《人民日报》2011 年 4 月 20 日,第 19 版。

申诉的需求进而来维护社会稳定"[39] 的基本策略吻合,用服务大局的自觉意识置换之前的狭隘想法,以王永平与倪双林、景忠元水路相邻权纠纷确认案(矛盾持续三年,后引发刑事自诉案件)以及吴正明与何有为土地承包纠纷确认案(吴正明多年上访)为典型案例,虚实结合地阐释司法确认程序在防止民间纠纷的扩大化、刑事化和消除危及社会稳定因素方面的突出优势,形成对基层治理渴求秩序价值的适时满足。民间纠纷的双方主体对具有复杂严肃、周期偏长、对抗偏多、成本偏高等特征的诉讼程序普遍不适应,定西中院主导设计的司法确认程序则具有很强的略式性,步骤简便灵活、办理周期短、自动履行率高和维权负担轻成为其引人注意的组合性标签,形成对程序利用者追逐效益价值的妥当激励。

有论者指出:对于爱追求实效的国人来说,对制度试验是否严格符合法律制度这种"输入端"合法性往往关注不够,而作为"输出端"合法性的制度实效及满足其愿望的程度似乎更加重要。[40] 诚如此言,先行先试欠缺形式合法性情有可原,欠缺实质合法性则难获理解,盖由于"抓到老鼠就是好猫"的实用哲学许久以来已被广为接受并影响深刻。"定西做法"由地方经验逐步上升为国家立法,其实质合法性获顶层设计者的持续性认可是主因。在基层实践首创精神的助推下,顶层设计者不断提升"定西做法"之形式性法源的位阶,合力使司法确认程序的生成由不可掉头的"单行道"驶入能够理性变线的"双行道"。

---

[39] Benjamin L. Liebman, China's Courts: Restricted Reform, *Columbia Journal of Asian Law*, 2007, p.6.

[40] 徐钝:《司法确认制度及其价值的法哲学拷问——一个合法性范式分析视角》,载《法律科学》2014年第4期,第28页。

三、司法确认程序的生成策略：多方合力与及锋而试

2005年10月发布的人民法院第二个五年改革纲要（2004—2008）第7条把"建立健全多元化纠纷解决机制"规定为截至2008年法院司法改革的主要任务之一。人民调解与诉讼的有机衔接、相互协调是多元化纠纷解决机制的关键内容，司法部与最高人民法院于2001年即达成建立有关机制的共识。尽管多年来全国各级法院健全多元化纠纷解决机制的热情高涨、举措频出，但具有制度建设价值的成果并不多，2003年发端于长三角地区的委托调解程序和2007年发端于西北地区的司法确认程序略显稀缺地成为"耀眼双星"。2004年被《民事调解规定》加以明确规定，2007年《民事诉讼法》小改过程中即出现"应增加规定"的呼声，委托调解程序的入法之路可谓开局顺利。然而，法院在委托调解程序推行中的强势角色和利己立场致使已有的权力结构产生出强烈的不安和抵触情绪，进而致使委托调解程序入法在2010年《人民调解法》制定和2012年《民事诉讼法》大改的过程中接连遭遇重挫，今后的成功之日难以预计。对比之下，司法确认程序被写进全国性法律可谓"起步晚，入法快"，这与法院在试点过程中采取的"多方合力与及锋而试"的策略有极大关联。这一生成策略使得法院在推进司法确认程序中的扩权举动为既有的权力结构所接受，所涉主体的配合自愿性逐渐升高。

司法确认程序是授权人民法院确认人民调解协议有效以促进人民调解协议转化为执行根据的制度安排，法院对人民调解协议的审查权力自此不再只作用于人民调解协议的变更、撤销

和确认无效三个方面。当地党委和人大居于权力结构的最顶端,拥有最强的资源配置能力,对任何的扩权举动都保持高度的敏感。定西法院系统的扩权举动倘若不及时事前向当地党委和人大报告并获得明示或默示的准许,司法确认程序的试点虽然被严厉叫停的可能不大,但其将毫无疑问地因得不到增量资源的支持而很快销声匿迹。在稳定的权力结构中,扩权举动获得事后原谅比获得事前准许更为困难,以特定的成效换取事后追认带有要挟性质、政治风险不低。定西法院系统对此有清醒的认知并内化为行动准则,这可从探索司法确认程序的创意最先在人大会议上提出和规范性文件、总结材料、改进报告无不把"加强请示汇报,争取党委领导和人大监督"放在显要位置[41]等事例中窥见一斑。党委在当地拥有最强的资源统筹与力量动员能力,而推进司法确认程序具有极强的复杂性和系统性,需要不少的资源注入和广泛的社会动员,故其顺利开局和长效运行首先离不开当地党委的许可与支持,定西法院系统颇具智慧地以主动性和连续性的专题汇报为当地党委的许可与支持提供信息基础,从不超越本分以"决策者"自居。当地党委顺势成立的专项领导小组和建立的联席会议制度[42]为司法确

---

[41] 具体例证可见 2008 年 6 月 18 日印发的《渭源县人民法院关于开展多元化纠纷解决机制改革试点工作实施方案》第三部分第(二)项。

[42] 如渭源县成立的人民调解协议确认工作领导小组由政法委书记任组长,法院院长、政法委副书记为副组长,各乡镇党委书记、司法局局长、法院副院长、法庭庭长等为成员;渭源县委和县政府共同发文建立的人民调解工作联席会议由县委政法委牵头,法院、司法局、公安局、工会、妇联、各乡镇以及各调委会代表参加,每半年召开一次,旨在"协调解决出现的新情况新问题,研究方案对策,超前制定调解措施和工作方案,增强工作的预见性和联动性"。

认程序的顺利推进助益良多，所涉各方主体的参与性随之增加，联动机制的非自愿性与脆弱性随之下降。

经费保障的状况直接影响人民调解功能的发挥。经费投入不足总会立竿见影地导致人民调解功能的大打折扣。国家财政和设立单位共同负担、互为补充是我国保障人民调解工作经费的基本格局。在定西市域内，村居人民调解委员会和乡镇人民调解委员会是人民调解组织的基本类型，前者的数量远多于后者，前者拥有的优质人力资源也远多于后者，但作为前者之设立单位的村民委员会和居民委员会整体上无力为人民调解的工作经费作出些许贡献，定西市域内人民调解组织的恢复、新建与运转只能依赖地方财政对其工作经费的保障。县区和乡镇两级政府是定西地方财政筹集和分配的事实性责任主体，离开他们对人民调解工作经费的有效性和持续性关照，人民调解的组织网络健全与功能发挥就无从谈起，司法确认程序进而就必然会面对无案或少案可以处置的尴尬。司法确认程序在定西市域内的推行成效映照出政府支持在经费保障方面的特别重要、尽力而为与难能可贵，因为"县级财政摇摇晃晃，乡级财政精精光光"的现象在定西市域内普遍存在，县乡两级财政可用于经济建设的份额严重匮乏，"吃饭财政"早已成为难以改变的客观事实。

基层政府的司法行政部门是当地人民调解工作指导的法定主体，基层法院是当地人民调解业务指导的法定主体。基层司法行政部门的不缺位与有所作为是定西法院系统推进司法确认程序的必要条件。人民调解的行政化由来已久，何时可去除很难预知，其具体表现之一便是基层司法行政部门针对人民调解的职责由规则层面的"指导"变为事实层面的"领导"与"主管"，人民调解组织对基层司法行政部门的这一角色异化早已习以为常，在权力结构中人民调解一直被纳入基层司法行政部门的权力覆盖范围。在权力结构中处于边缘地位的基层司法行政部门尽管乐见经由司法确认程序的推进来实现人民调解的振兴，但对法院可能的越界而侵入自己的权力领域本能地抱有警惕，其参与推进司法确认程序的意愿必须以其权力不被减损为前提。正是基于如此的洞察，定西法院系统自始注重以谋求外在鼎力相助的姿态，主动与定西两级司法局的沟通协商，共享具体实施之责任主体的角色，以对职级低半格者的充分尊重换得了基层司法行政部门的自愿性配合，推进司法确认程序由此逐渐被基层司法行政部门视为分内之事，两家单位联合制发规范性文件、联合举办推进现场会、联合培训人民调解员才得以顺利实现。

较之司法确认程序推行前的状况，办理司法确认案件是法院审判业务的新增板块。依《定西意见》第 4 条、《渭源实施办法》第 4 条和《甘肃意见》第 7 条，司法确认案件的办理归口于审判业务负担最重的基层法院。整体来看，基层法院办案人员的专业素质与业务能力很不理想。面对新增的业务板块，起初他们呈现出相当的不适应，悲观畏难情绪十分普遍。在"党委领导、政府支持、多方参与"的预设格局基本形成时，法院系统内部如何抓住有利时机予以强力推动成为各方瞩目静观的焦点。在推进司法确认程序的"自上而下"阶段，为防止出现"上边雷声大，下边雨点小"的孤掌难鸣局面，定西中院要求把司法确认案件在司法统计报表中注明并列入对基层法院考核的范围之内，以压力驱动的策略使办理司法确认案件成为基层法院的必选动作，使基层法院办理相关案件数量的增加与上级法院的经常性督促迅速脱钩并保持稳步上升的势头；为防止出现"先一哄而上，后一哄而散"的形式主义结果，定西中院对各基层人民法院推进成果的差异性予以可容忍地正视，对部分基层人民法院的选择性应付行为和急功近利性举措直言不讳地给予否定性评价，同时反对难有起色的消极应对和欠缺可持续性的急躁冒进，尽量缩短所遇到的"阵痛期"和"瓶颈期"，进而确保司法确认程序的推进迎来持之以恒、稳步向前的阶段。

四、司法确认程序的生成技术：主动宣传与引导舆论

任何事物的知名度和美誉度都不可能同步获得，司法确认程序也是如此。司法确认程序欲获得美誉度，必先获得知名度。人民调解组织和作为纠纷主体构成者的自然人、法人、其他组织是司法确认程序的利用者。倘若这些数量庞大的程序利用者不知晓，司法确认程序的推进就会因社会认知度的不足而寸步难行。手段多样的针对性宣传是司法确认程序迅速获得知名度的必备措施。主动宣传和引导舆论之技术的完美运用在夯实司法确认程序正当性根基的同时，也为其继续推进聚吸到更多的外来资源。作为试点先锋，渭源县人民法院及相关单位的系列做法极具实效性和示范性。概括而言，这些针对性宣传措施包括：（1）渭源县政法各部门信访室和县信访局在处理群众来信来访中坚持向来访者介绍司法确认程序的优点，引导当事人选择非诉调解的方式解决纠纷；（2）渭源县人民法院编写《人民调解协议确认工作知识要点》等宣传材料，向全县人民调解组织和乡镇司法所寄送，并在全县各村张贴；（3）渭源县人民法院持续编写介绍司法确认程序的工作信息，及时报道典型

案例、典型经验和先进个人;(4)渭源县人民法院的 23 名法官借助担任辖区内中小学副校长开展受教育者众多之法制讲座的机会引介司法确认程序;(5)渭源县法院抽调 16 名法官借参加甘肃省统一组织的"万名干部下基层集中排查调处矛盾纠纷"活动的难得机遇,向各方主体推介司法确认程序;(6)渭源县法院配合县综治委对 16 个乡镇分管综治的副书记、综治办主任、司法所长及部分人民调解委员会成员进行业务培训,联合县司法局在 16 个乡镇分别举办人民调解员培训班,对全县 1130 名人民调解员进行集中轮训,通过培训阐释构建人民调解与民事诉讼衔接机制的价值与必要性。[43] 显而易见,渭源县方面当初针对司法确认程序的主动宣传具有方式多样、持续性好、密集推送、反复强化、受众面广、成本低廉、容易复制等显著特征,轻而易举地取得了"家喻户晓,人人皆知"的效果。

技术的飞速进步使得信息的采集与传播达到惊人水平,汹涌而至、即时更新的信息为目标群体所准确获取的难度日益加大。"酒好不怕巷子深"早已被"酒好也怕巷子深,酒好也要勤吆喝"所取代。"有舆论的支持,诸事方可成;无舆论的支持,诸事莫不败"的时代早已到来。如果采取"先做不说,做好再说"的宣传思路,定西法院系统推进司法确认程序就会失去引导舆论的主动权,舆论上的质疑、批评、指责就会越积越多,并可能很快地形成不可克服的阻碍力量。正是意识到引导

---

[43] 参见《创新调解化纷争 一心为民促和谐——渭源县人民法院创建多元化纠纷解决机制汇报材料》(2008 年)、《渭源县会川法庭关于人民调解协议诉前司法确认工作的报告》(2008 年 6 月 16 日)和渭源县法院在全国指导人民调解委员会工作座谈会上的汇报材料(2008 年 7 月)。

舆论的巨大价值，定西法院系统一直秉持"边做边说，以说促做"的宣传思路，依托主流媒体的严谨性、深刻性、权威感、高水准优势，成功营造出"对新生事物的观察应耐心、呵护应多于批评"的舆论氛围。从媒体的种类看，定西法院系统更侧重的是传统纸面媒体，而非网络媒体[44]；从报纸的种类看，定西法院系统更侧重的是党报和专业性报纸，而非社会性报纸和对象性报纸；从报纸的发行范围看，定西法院系统兼顾地方性报纸和全国性报纸。从 2007 年至 2012 年 11 月有关"定西做法"的 17 篇报纸报道的统计情况看（见表 2-1），长篇幅报道（2200 字以上）7 篇，短篇幅报道占 10 篇；头版报道有 7 篇，其中《人民法院报》为 3 篇；《法制日报》《人民法院报》和《甘肃法制报》的有关报道具有很好的连续性。涉及"定西做法"的全国性司法文件和法律草案甫一公布，定西法院系统就迫不及待地在报纸上主动认领其"首创者"的角色。定西法院系统为这些报纸报道提供着不断更新的第一手材料，这些报纸报道回馈性地为司法确认程序贴上定西的标签并予以持续性的加固，司法确认程序由此被打造为定西的特色名片并在更为广阔的空间内获得了知名度。报道次数的不断增多与报道篇幅的不断扩大使当地权力主体和更高级别的政法机关很难不留意到"定西做法"，职级更高的批示自然随之而来。量多质优的报纸报道为司法确认程序之正当性根基的夯实提供了舆论支撑，也为司法确认程序的推进聚吸到更多的外来资源。对此，时春明承认

---

[44] 定西中院的官网开通较早，内容更新及时、信息发布准确，不是建而不管的"僵尸网站"。借助定西中院的官网和其他网站，定西法院系统对司法确认程序的推进也予以一定的报道，但其更为重视的是网络媒体对报纸报道的转载数，而不是有关信息在网络媒体上的首发数。

"《法制日报》在2007年9月率先进行的全方位解析和深度报道使司法确认程序试点得到了甘肃省委省政府和更多更广社会力量的认同与支持"是在试点之初最令他备受鼓舞的两件事之一。[45]

为消除"未经严格的诉讼程序即赋予非诉调解协议以强制执行效力,是否构成诉讼程序的弱化和司法权的让与"的质疑和统一认识,定西中院于2008年曾组织召开地方性的理论研讨会。与组织这次会议的任务意在"寻找智力支持和博取同情式理解"不同,定西法院系统参加最高人民法院主办的全国指导人民调解委员会工作座谈会(2008年7月31日至8月1日在牡丹江召开)、建立健全诉讼与非诉讼相衔接的矛盾纠纷解决机制试点法院座谈会(2009年11月在上海召开)、民事调解协议司法确认程序研讨会(2010年9月28日在重庆召开)等全国性会议的任务则转换为"介绍经验和现身说法",重在说明司法确认程序与其他机制的实质区别,重在宣称"司法确认程序是对中国特色社会主义司法制度的重大创新和对世界司法制度之空白的填补,有必要对其单独做出司法解释或立法"[46]。如此"自我推销"与在报纸上的主动认领相映成趣,很好地起到了扩大社会影响、提升全国知名度的效果,举动可能令观察者诧异连连,但背后引导舆论的成熟手法的确令观察者没法不产生敬佩之意。

---

[45] 赵志锋、周文馨:《人民调解 筑牢和谐稳定第一道防线》,载《法制日报》2012年11月5日,第4版。

[46] 王芳、柴永祥:《定西中院诉前司法确认机制引热议》,载《甘肃法制报》2009年11月11日,第A05版。

表 2-1　有关"定西做法"的报纸报道一览表(2007 年至 2012 年 11 月)

篇名	报纸名称	报纸类别	发表日期	报道类别
诉前司法"确认"开辟解决纠纷新径	法制日报	中共中央政法委员会机关报	2007 年 9 月 3 日	长篇幅
调解诉前确认 化解矛盾纠纷	甘肃法制报	甘肃唯一法制类报纸	2008 年 8 月 13 日	短篇幅
定西法院诉前司法"确认"运行状况调查	法制日报	中共中央政法委员会机关报	2008 年 8 月 26 日	长篇幅
定西，定兮！	人民法院报	最高人民法院机关报	2009 年 3 月 3 日	长篇幅
积极推行调解协议诉前司法确认机制	甘肃日报	中共甘肃省委机关报	2009 年 5 月 24 日	短篇幅
我省推行人民调解协议诉前司法确认机制	甘肃法制报	甘肃唯一法制类报纸	2009 年 5 月 25 日	头版短篇幅
诉前司法确认让调解之路越走越宽	人民法院报	最高人民法院机关报	2009 年 6 月 17 日	头版短篇幅
人民调解协议诉前司法确认机制是合力化解矛盾纠纷的良好平台	人民法院报	最高人民法院机关报	2009 年 7 月 28 日	头版长篇幅
"人民调解协议诉前司法确认机制"上升到立法层面	定西日报	中共定西市委机关报	2009 年 8 月 7 日	头版短篇幅
定西中院诉前司法确认机制引热议	甘肃法制报	甘肃唯一法制类报纸	2009 年 11 月 11 日	短篇幅
定西"诉前司法确认"被纳入人民调解法(草案)	甘肃法制报	甘肃唯一法制类报纸	2010 年 7 月 12 日	头版短篇幅
渭源法院诉前司法确认机制见成效	人民法院报	最高人民法院机关报	2010 年 7 月 19 日	头版短篇幅
定西诉前司法确认机制写入人民调解法	法制日报	中共中央政法委员会机关报	2010 年 9 月 9 日	短篇幅
甘肃定西司法确认使调解更有力	人民日报	中国共产党中央委员会机关报	2011 年 4 月 20 日	长篇幅
诉前司法确认机制构建之经验	人民法院报	最高人民法院机关报	2011 年 9 月 14 日	长篇幅
定西首创的"司法确认机制"再度入法	甘肃法制报	甘肃唯一法制类报纸	2011 年 10 月 28 日	头版短篇幅
人民调解 筑牢和谐稳定的第一道防线	法制日报	中共中央政法委员会机关报	2012 年 11 月 5 日	长篇幅

五、司法确认程序的生成关键：精英操盘与政绩驱动

人的因素在制度创新中最为重要。"定西做法"又快又好地实现法律化的过程也是精英操盘的成功范例，其中时春明积极且有效的作为可谓居功至伟。2007年1月23日正式当选定西中院院长时，1958年2月出生的时春明已近"知天命"的年龄。与很多人在这个年龄段选择"听天由命，无所作为"不同，时春明选择了"努力作为，成事在天"。在空降定西任职之前，时春明曾在一段不短的时间内担任甘肃省高级人民法院研究室的主任。研究室是法院内设的综合性审判业务部门，主要负责起草文件、报送信息、开展重点性调研、提出对策性建议、办理审委会会议事务。[47] 若是没有研究室的工作经历，时春明不可能在充分酝酿的基础上于2007年初正式提出探索司法确认程序的创意。据其本人在2007年的陈述，其在四年前根据甘肃省高院时任院长郝洪涛（2003年1月至2008年1月在任）关于"加强人民法庭建设，不仅要加强硬件建设，还要加强软件建设"的指示进行调研时就开始系统地思考司法确认程序的构建问题。[48] 由甘肃省高院的中层干部调任定西中院院长，时春明的角色也由"执行者"变为"决策者"，自己的胸中蓝图有了付诸实践的机会，故其带领定西法院系统首创

---

[47] 有关法院研究室是否属于审判业务部门及其主要职责，可参见文号为法函〔1995〕62号的最高人民法院《关于人民法院研究室是否属审判业务部门的复函》。

[48] 周文馨：《诉前司法"确认"开辟解决纠纷新径》，载《法制日报》2007年9月3日，第8版。

司法确认程序的举措次第登场。规范性文件的谨慎制发、成熟宣传手法的妥当运用、工作信息的有效推送,无一例外地也主要得益于时春明在研究室的工作经历。作为系统内产生的院长,时春明具有不错的法律专业素养和分析论证能力。在不够发达的甘肃法学教育无法为司法确认程序提供到位的智力支持时,面对外界的质疑,时春明主动发声、力争自圆其说。基于对东部地区司法改革地方性试点之成败事实的熟知,面对消极应付或浅尝辄止的不良倾向和地区发展不平衡的态势,时春明多次适时提醒应予警惕,反复强调坚持进取的价值。

和大多数下放任职的公职人员一样,时春明初次就任定西中院院长时存在须尽快获得法院内外各方主体认可的客观压力,同时也存在向外界证明自己的能力与水平、渴望政绩的主观愿望。上任头一年内即在全国率先推出"人民调解协议司法确认机制"和率先建立"审判委员会特别列席制度"[49]并在定西中院年度工作报告[50]中作为最为突出的改革成果加以总结,即是这种客观压力与主观愿望共同作用的产物。轰轰烈烈的开局难免让人担心时春明已患上"政绩饥渴症",怀疑其政绩观已出现严重的偏差,指责其"贪一时之功,图一时之名"。认为时春明在司法确认程序推进中的政绩观一成不变且科学理

---

[49] 2007年10月17日上午,定西中院邀请市检察院副检察长、市政协副主席、市委政法委副书记、市人大法制工作委员会主任、安定区检察院检察长列席审判委员会会议讨论高某职务侵占、挪用资金刑事上诉案,这是定西法院系统实施"审判委员会特别列席制度"的第一案。具体资料可见周文馨:《"四大班子"领导现身审委会》,载《法制日报》2007年10月31日,第1版。

[50] 该工作报告由时春明代表定西中院于2008年1月16日在定西市二届人大三次会议上所作。

性，是一种过于草率和明显失实的判断。从搜集自多个时间点的贯时性资料看，时春明的政绩观能够过关，基本瑕不掩瑜。举例而言，改革领导小组调研八个月方制定出《定西意见》和多次重申不能片面追求司法确认案件的数量，可证明其不持一味追求"大干快上"和将试点的"好"与"快"对立起来的卫星式政绩观。司法确认程序的推进对激活人民调解、提高非诉调解的吸引力大有裨益，可证明其不持"只重宣传造势，不重群众口碑"的喇叭式政绩观和脸面式政绩观。2014 年 11 月 20 日下午在就岷县人民法院推进司法确认工作的批示中特别指出切忌"墙里开花墙外香"[51]，可证明其不持"只精于炒作概念，忽视实质性进展"和"重近轻远，拒做铺垫"的概念式政绩观。

实施"审判委员会特别列席制度"是邀请当地其他权力主体走进法院来，基本不需要其他权力主体的刻意作为，不涉及对增量资源的渴求与处置，法院院长对外的沟通协调能力几乎可以备而不用。然而，推进司法确认程序则与此截然相反，外在支持与更多资源的争取均需要法院院长的亲力亲为，关键事项与重要节点的沟通协调需要法院院长对官场实际运行规则的熟悉与遵照。出任院长后，时春明对内要对审判事务和司法行政事务进行宏观管理以符合"管理家"的角色期待，对外要做好沟通协调以符合"政治家"的角色期待。实证研究表明："扮演政治家角色以及是否具备与之相匹配的卓越的对外沟通、协调等能力似乎是中国目前衡量一个院长是否称职的极为重要

---

[51] 张天武：《定西市中级法院院长时春明就岷县法院推进司法确认工作做出批示》，定西中院官网"法院新闻栏"，最后访问日期为 2015 年 4 月 19 日。

的标准。"[52] 相较于不少院长的行政官员出身，以往在甘肃省高级人民法院的工作经历虽可助时春明在对内管理上做到不手忙脚乱，但却成为制约其做好对外沟通协调的不利因素，如何做到扬长补短成为其就任之初亟待解决的难题。推进司法确认程序一方面让其找到了创优争先的良好载体，另一方面也让其找到了和当地其他权力主体进行正常多次之沟通协调的正当缘由。可以说，创新点的成功选定，起到了"一石二鸟"的作用，展示出时春明具备的过人才智和不错的适应能力，弥补了其能力的短板，其在当地权力体系中的沟通协调很快做到了得心应手、左右逢源，这在很大程度上促成了试点的开局顺利和进展有序。

2007年至2013年期间，定西中院除先后被中央政法委授予"集中排查化解涉法涉诉信访问题先进集体"称号、被最高人民法院授予"立案信访窗口先进集体"称号、被甘肃省政法委授予"全省涉法涉诉信访工作先进单位"称号、被甘肃省高级人民法院授予"全省'两庭'建设进步奖"、荣立集体三等功和二等功各一次外，2013年2月被最高人民法院荣记集体一等功。[53] 依法〔2014〕192号文件，2014年12月18日时春明被授予"第三届全国审判业务专家"[54] 光荣称号，这是全国审判业务领域的最高荣誉，其评选过程历时近两年、条件

---

〔52〕 左卫民：《中国法院院长角色的实证研究》，载《中国法学》2014年第1期，第11页。

〔53〕 潘静：《定西市中级人民法院荣立集体一等功》，载《人民法院报》2013年2月22日，第1版。

〔54〕 2009年评定的第一届全国审判业务专家有45人；2011年评定的第二届全国审判业务专家有53人，甘肃省高级人民法院民二庭庭长茹作勋获评；2014年评定的第三届全国审判业务专家有52人。

苛刻、程序严格,时春明是甘肃法院系统荣获这一称号的第二人。定西中院和时春明本人接连不断地赢得的这些荣誉,无不与其对司法确认程序推进的出色操盘密切相关。这些荣誉易给后来的效仿者以错觉,即"天道酬勤"和"付出就有回报"的惯常说法必然成立,其实不然,因为制度创新不易,当中的精英作用不可过分高估,但也绝不是可有可无。

第三章

司法确认程序的性质定位

对程序予以精准的定性分析,有利于为程序规则的设计与修正提供理念指引和理性约束。若对程序定性失准,程序规则设计之内在逻辑的一致性与科学性就会或多或少地有所欠缺,程序规则修正之既往阻力的固定性与反制性就会无法避免地有所呈现。

一、主要学说之介评

(一) 简易程序说

根据 2009 年 7 月发布的《诉非衔接意见》第 23 条的规定,法院审理司法确认案件,参照适用简易程序的有关规定。受此规定的强势影响,司法确认程序被认为是简易程序,被归为争讼程序的组成部分。在 2012 年《民事诉讼法》修改前,简易程序说曾广为奉司法文件如圭臬的实务界所接受；那时有学者发文指出："如果法律的修改增设了速裁或者小额诉讼的程序，法院的机构设置增加了小额或者速裁的法庭，那么，由该法庭对人民调解协议作出确认是妥当的。"[1] 如此分析虽然意在为确定司法确认案件的承办者提供思路，但视司法确认程序为争讼程序的基本立场十分清晰。在2012年《民事诉讼法》修改后，有学者发文指出，"最高人民法院已然将司法确认程序视为简化或加快的争讼程序看待"[2]，《诉非衔接意见》第23条和自2011年3月施行的《司法确认程序规定》第6条[3]被其当作规范层面的两个例证。然而，根据2012年修改后的《民事诉讼法》第194、195条，司法确认程序的审理应适用特别程序的有关规定，其对简易程序的参照适用在进入2013年后即应成为历史。另一方面，要求司法确认案件的当事人补充陈述或补充证明材料是遵循职权探知主义的体现，但争讼程序天然地排斥职权探知主义。

（二）独立程序说

该学说以程序的目的与所要解决的基本问题、基本特征为分析角度，阐述司法确认程序不同于现行法规定的争讼程序、

---

[1] 郭小冬：《民事诉调结合新模式的探索——以整合现行调解途径为基础》，载《清华法学》2011年第3期，第38页。

[2] 周翠：《司法确认程序之探讨——对〈民事诉讼法〉第194—195条的解释》，载《当代法学》2014年第2期，第94页。

[3] 依《司法确认程序规定》第6条，法院在对人民调解协议进行审查中，认为当事人的陈述或提供的证明材料不充分、不完备或者有疑义的，可以要求当事人补充陈述或补充证明材料。

非讼程序以及特别程序，是独立的民事司法程序。[4] 该学说把司法确认程序的目的与所要解决的基本问题具体阐释为"确认申请人之间没有争议和共同申请的非诉调解协议的法律效力，并赋予合法非诉调解协议以强制执行力"，这与类型化分析应讲求概括性、共通性背道而驰，若依这种立足于微观的思路，诸多审判程序的有机统合与清晰界分将断无可能。该学说还认为，司法确认程序的最大特征是独有的采用"审查"的方式，不同于争讼程序、非讼程序、特别程序采用的"审判"方式。从基本法理来看，"审查"强调审理的间接性与书面性，"审判"强调审理的直接性与言词性。在《民事诉讼法》规定的"特别程序"章和"督促程序"章有三处使用了"审查"二字[5]，可见采用"审查"的方式并非司法确认程序所独有，故独立程序说从程序之基本特征层面展开的分析也明显欠缺说服力。

（三）非讼程序说

既有研究成果在把司法确认程序定性为非讼程序时所选择的途径并不相同。有学者以"司法确认申请由当事人双方共同提出"和"确认调解协议效力的文书不可上诉"来界定司法确认程序的非讼性质。[6] 这种观点注意到司法确认程序不实行对审主义、有申请人而无被申请人，但以裁判文书不可上诉作

---

〔4〕 廖中洪：《民事司法确认程序若干问题研究》，载《西南政法大学学报》2011年第1期，第23—24页。

〔5〕 具体可见《民事诉讼法》第188、192、217条。

〔6〕 王亚新：《诉调对接和对调解协议的司法审查》，载《法律适用》2010年第6期，第34页。

为界定司法确认程序之非讼性质的主要理由则欠缺说服力,因为在争讼程序中也可出现不可上诉的诸多裁判文书。有学者以司法确认程序与争讼程序在目的、争讼性、价值目标方面存在的区别为基点,认为司法确认程序不是争讼程序,进而把司法确认程序归为非讼程序。[7] 这种观点以争讼程序与非讼程序的截然二分为前提,采取的是非此即彼的论证方法,令人对司法确认程序属于非讼程序的具体论证仍抱有不小的期待。有学者以我国台湾地区有关非讼事件(在我国大陆地区被称为非讼案件)之特征和非讼程序之功能的理论作为大前提,采取三段论的推理方式来界定司法确认程序的性质。[8] 这种观点的说服力大小不仅取决于相关域外学理是否无懈可击,而且取决于将小前提(司法确认案件的特征和功能)对号入座时是否存在削足适履。在我国台湾地区,对非讼事件之特征的概括提炼,以非讼事件法的适用范围和非讼事件的类型为分析对象,而非讼事件法之适用范围的扩大化和非讼事件之类型的多样化均在不断发生[9],故对非讼事件的特征只能进行大致的、择机调整的描述;确保私权、疏减讼源、防杜纷争、简化便民、减轻讼累和契合诉讼非讼化随着非诉讼事件法的不断修正而被陆续确定为非讼程序的功能[10],可见非讼程序之功能确定的着重点

---

[7] 刘敏:《论诉讼外调解协议的司法确认》,载《江海学刊》2011年第4期,第145页。

[8] 胡辉:《人民调解协议之司法确认程序再探——以程序运行为中心》,载《广西社会科学》2012年第5期,第78页。

[9] 具体介绍可参见姜世明:《非讼事件法新论》,台湾新学林出版股份有限公司2013年版,第4—9页。

[10] 同上注,第8—9页。

并非一成不变。从司法确认案件与民事权利义务相关但不存在民事权益争议的基本特征以及司法确认程序的四大功能(促进人民调解实效化的复兴功能、降低民事纠纷成案率的减压功能、助力行政调解细则化的参照功能、缔造基层治理良善化的善治功能)来看,我国台湾地区的相关学理可资借鉴,能够被用于界定司法确认程序的非讼性质。

"中国正处于复杂的社会转型期,诚信机制的不完善、社会利益格局的剧烈变动、违法成本的低廉等原因导致恶意诉讼频频发生。"[11] 如此状况下,作为甄别、遏制恶意诉讼与虚假诉讼的首位责任主体,法院不管是身处争讼程序抑或非讼程序中,都负有查明事实的法定责任。换而言之,法院在争讼程序中查明查实的责任举足轻重,其在非讼程序中查明事实的责任也非可有可无。将司法确认程序定性为非讼程序,不能成为在当前和将来不短的时间内减轻法院之查明事实责任的理由,相反法院在司法确认程序中针对特定的原纠纷(如民间借贷纠纷和追索劳动报酬纠纷)应进行必要的实质审查,因为相关主体针对这些原纠纷造假的难度很低、违法成本很小、非法获利却很大。

值得一提的是,有学者认为简易程序说、独立程序说和非讼程序说都是依据"争讼法理与非讼法理分离适用论"下的"实质界限说"而展开,质疑"争讼法理与非讼法理分离适用论"的合理性和阐释"争讼法理与非讼法理交错适用论"的长处是其论证的基点,其主张司法确认案件属于争讼法理与非讼法理交错适用的民事案件,进而认为将司法确认程序纳入争讼

---

[11] 朱小菁:《第三人撤销之诉制度研究》,载《中国海商法研究》2017年第4期,第57页。

程序或非讼程序都是可以的,鉴于立法者已将司法确认案件规定在《民事诉讼法》第十五章"特别程序"中,其同意将司法确认程序定性为非讼程序。[12] 这种观点以域外的非讼程序之程序保障得到加强、功能得到扩展和争讼事件非讼化的范围不断扩大作为观察对象,进而对"争讼法理与非讼法理分离适用论"进行解构,但忽视了我国长期以来非讼程序法制不发达、非讼法理十分薄弱、司法确认程序没有域外可比项的客观事实。在我国当前和将来的很长时间内,在不刻意否定争讼法理和非讼法理可交错适用的条件下,促进非讼法理迈向独立化、实在化则更为重要。

二、非讼程序说之学理障碍的克服

作为法条用语,非讼程序一词首次出现在 2015 年 2 月起施行的《民诉法解释》中。《民诉法解释》第 297、380 条均有"适用特别程序、督促程序、公示催告程序、破产程序等非讼程序"的表述,均把非讼程序作为特别程序的上位概念。作为我国《民事诉讼法》第十五章的名称,"特别程序是一个很宽泛的概念,是一个缺乏严格规定性,并且经常在多种意义上使用的概念"[13]。若仅以司法确认程序被规定在《民事诉讼法》第十

---

[12] 杨兵:《论司法确认制度》,中国政法大学 2013 年博士学位论文,第 72—85 页。

[13] 章武生:《非讼程序的反思与重构》,载《中国法学》2011 年第 3 期,第 85 页。

五章第六节,就将其定性为特别程序[14],则会使特别程序这一概念本身所带有的不确定性传染给司法确认程序。鉴于争讼程序和非讼程序才是民事审判程序最基本、最重要且具有周延性的分类,可以预计,特别程序的立法用语将来必会被非讼程序所取代。

把民事审判程序二分为争讼程序和非讼程序,是将司法确认程序定性为非讼程序的理论前提。承认非讼程序包括但不限于《民事诉讼法》目前所规定的特别程序、督促程序、公示催告程序,以及承认特别程序的可改造性与开放性,是坚持这一理论前提的必要条件。

关于非讼程序的外延和非讼程序能否包括督促程序、公示催告程序,不仅比比皆是的主编型、合著型或独著型教材没有形成共识,连公开出版的三部《民事诉讼法》修改建议稿也未持相同的态度(见表3-1)。笔者认为,"督促程序会因债务人提出异议而终结、公示催告程序会因利害关系人申报权利而终结,督促程序、公示催告程序终结后可能会引发争讼程序"不能成为将督促程序、公示催告程序排除在非讼程序范围之外的理由,因为判断是否存在民事权益争议的时间节点在程序启动时,不在程序启动后。如若不然,"司法确认申请被驳回后可能会引发争讼程序"也将成为司法确认程序不能被归为非讼程序的理由。

---

[14] 早在司法确认程序进入《民事诉讼法》之前,最高人民法院即在关于《司法确认程序规定》的新闻发布稿(全文可见 http://www.court.gov.cn/zixun-xiangqing-2423.html, 2011 年 4 月 1 日访问)中载明"司法确认程序属于特别程序"。

表 3-1 《民事诉讼法》修改专家建议稿有关非讼程序简况表

名称	出版时间	出版社	相关章节
江伟主编稿	2008 年	法律出版社	第四编　特别程序 　第二十六章　一般规定 　第二十七章　选举资格案件 　第二十八章　宣告失踪、宣告死亡案件 　第二十九章　宣告无民事行为能力、限制民事行为能力案件 　第三十章　指定监护人案件 　第三十一章　认定财产无主案件 　第三十二章　督促程序案件 　第三十三章　公示催告程序案件
张卫平主编稿	2011 年	厦门大学出版社	第二十章　非讼程序 　第一节　一般规定 　第二节　宣告失踪或宣告死亡案件 　第三节　认定自然人行为能力案件 　第四节　指定或变更监护人案件 　第五节　指定或者解除财产代管的案件 　第六节　对无主财产的认定案件 第二十一章　督促程序 第二十二章　公示催告程序
杨荣馨主编稿	2012 年	清华大学出版社	第四编　特别程序（共五章） 　第二十章　选民资格案件诉讼程序 第五编　非诉程序 　第二十五章　一般规定 　第二十六章　宣告公民失踪、死亡程序 　第二十七章　宣告公民无民事行为能力、限制民事行为能力程序 　第二十八章　认定财产无主程序 　第二十九章　督促程序 　第三十章　公示催告程序 　第三十一章　调解协议的司法确认程序

　　具有公法性质的选民资格案件（1982 年《民事诉讼法（试行）》称其为选民名单案件）不是民事非讼案件，但其自 1991 年起一直被寄放式地规定在《民事诉讼法》"特别程序"一章中。这致使"适用特别程序审理的案件未必都是民事非讼案件，民事非讼案件未必都适用特别程序审理"的表述成了白圭无玷的

判断，也致使"剔除选民资格案件"很早就被设定为实现特别程序之纯化的首选项。尽管《民事诉讼法》第 177 条关于特别程序之适用范围的规定在字面上保持封闭性的设计，但其在实践层面已长期保持着开放性。2015 年 5 月最高人民法院印发的《案号规定》及《人民法院案件类型及其代字标准》规定共用"民特"案号的案件除了《民事诉讼法》第十五章规定的六类外，还包括：（1）财产代管人申请变更代管案件；（2）监护人指定异议案件；（3）监护关系变更案件；（4）设立海事赔偿责任限制基金案件；（5）海事债权登记与受偿案件；（6）撤销仲裁裁决案件。如不承认特别程序的开放性，未来用非讼程序取代特别程序后，立法层面列举规定非讼程序的适用范围注定会出现严重不周延的问题，也会大为降低非讼程序在法典中由"章"升为"编"及其蕴含督促程序、公示催告程序、企业破产程序等的可能，从而导致非讼程序无法成规模地与争讼程序鼎足而立。

第四章
司法确认程序的功能诠释

司法确认程序可使符合法律规定的非诉调解协议经司法审查后获得执行力,其法律化尽管于 2010 年 8 月已完成,但至今仍存在社会认知度不高、地域发展不平衡、运行实效难识别、构成要素不完备、制度逻辑不自洽的缺陷。程序之基本功能的设定,是程序要素设计与规则供给的前提和基础,也是程序有效适用的力量源泉和矫正纠偏的关键依据。为改变司法确认程序在纠纷解决实践中冷热不均、可有可无的样态,也为克服相关理论探讨浅尝辄止、隔靴搔痒的缺陷,很有必要对司法确认程序的基本功能予以系统化解析。本章将依次诠释司法确认程序之促进人民调解实效化的复兴功能、降低民事纠纷成案率的减压功能、助力行政调解细则化的参照功能和缔造基层治理良善化的善治功能,以求教于方家。

一、复兴功能：促进人民调解实效化

人民调解的历史业绩使其成为中国社会治理的有效资源。改革开放以来，纠纷的数量持续攀升，纠纷的类型日渐多样，纠纷解决的整体压力和技术困境日趋加重，纠纷解决的政治话语式微、法治话语兴起，但诉讼解决纠纷的效果难孚众望，司法应对的疲于奔命与社会治理难题的有增无减同时发生。功能已严重萎缩、制度安全已受到严重威胁的人民调解在世纪之交重回官方的视野。人民调解在纠纷机制中的地位与作用取决于其制度实效。人民调解协议的效力疲软且欠缺获得间接执行力的程序设置，被确定为人民调解之制度实效难以有效发挥的症结所在。因为《涉人民调解协议案件规定》（于 2002 年 9 月 5 日通过）、《人民调解工作若干规定》（其于 2002 年 9 月 11 日通过，由司法部制定）和《人民调解法》的接力作为，人民调解协议的效力由模糊变为明确，当事人对人民调解协议反悔后的起诉对象由人民调解协议变为原纠纷，赋予人民调解协议以间接执行力的机制由判决履行程序变为司法确认程序。司法确认程序的胜出，不只是因为判决履行程序在诉讼负担、审理周期方面存在劣势，更是因为纠纷解决的理念已由"结案了事"被调整为"案结事了"。

人民调解委员会调解民间纠纷的数量与同期全国基层人民法院一审民事收案的数量之间的比例，被公认为评价人民调解之兴衰状况的基本标准。从 1979 年到 1983 年，全国的人民调解委员会共调解民间纠纷 3300 万件，年均调解的纠纷数都在全国基层人民法院一审民事收案数的 10 倍左右[1]；全国的人民调解委员会 1981 年、1982 年、1983 年调解的民间纠纷依次是 780 多万件、816 万件、688 万件，分别为同期基层人民法院一审民事收案数的 12.8 倍、11.6 倍、9.71 倍。[2] 凭借在解决民事纠纷方面的出色表现，人民调解制度在 1982 年先后被写入《民事诉讼法（试行）》（第 14 条）和现行《宪法》（第 111 条第 2 款），获得了至高无上的法律地位，自此成为有别于其他民间调解的法定解纷机制。彼时，许多来我国访问的外国法律界人士甚至把人民调解制度称为"中国司法制度中最有特色的制度"之一，誉其为"东方经验"。[3] 人民调解在 20 世纪 80 年代的辉煌，很大程度上遮蔽了关于人民调解协议应否具有法律效力的讨论，"有损国家法律的尊严、不利于我国调解体系的系统化和科学化、有悖于人民调解的本质特点和基本原则、影响人民调解的声誉"成为了当时反对人民调解具有法律效力的集群性理由[4]。

辉煌的背后隐藏着严重的危机，以人民调解委员会的个数和人民调解员的人数作为分母计算得出的平均解纷数长期令人

---

[1] 吴玛琍：《具有中国特色的人民调解制度》，载郭翔、许前程、李春霖等编：《人民调解在中国》，华中师范大学出版社 1986 年版，第 54 页。

[2] 王振宇：《试论新时期人民调解工作的地位和作用》，载郭翔、许前程、李春霖等编：《人民调解在中国》，华中师范大学出版社 1986 年版，第 89 页。

[3] 吴玛琍：《具有中国特色的人民调解制度》，载郭翔、许前程、李春霖等编：《人民调解在中国》，华中师范大学出版社 1986 年版，第 55 页。

[4] 具体分析可见杨少春：《人民调解协议不应具有法律效力》，载《法学》1987 年第 6 期，第 50 页。

大失所望,引以自豪的解纷总数自 1993 年起开始连续 10 年的下跌,2002 年只有 314.10 万件(见表 4-1[5])。2002 年诉讼解决的案件达 439.33 万件,诉讼的解纷总数首次超过人民调解的解纷总数。[6] 纠纷解决的诉讼中心主义在 2002 年开始登场,诉讼追赶人民调解的阶段到此终结,对人民调解盛极而衰之原因的反思到此也不再隔靴搔痒。

表 4-1　全国人民调解委员会数量、人员及化解矛盾纠纷数量

年份	人民调解委员会(万个)	人民调解员(万人)	化解矛盾纠纷(万件)
2016	78.40	385.24	901.91
2015	79.84	391.12	933.1
2014	80.3	394.07	940.45
2013	82	422.9	943.9
2012	81.71	428.14	926.59
2011	81.1	433.6	893.5

[5]　说明:(1)除 1982 年、1983 年、1984 年、2013 年、2015 年、2016 年的数据外,其他年份的数据均来源于中国法律年鉴。(2)2009 年的数据在《中国法律年鉴》(2010)中有两种表述,一处为第 24 页"国家立法、司法、监察、仲裁工作概况"(7676064 件),另一处为第 935 页"2009 年律师、公证、调解工作基本情况统计表"(579.73 万件)。(3)1982 年、1983 年、1984 年的数据来源于郭翔、许前程、李春霖等编:《人民调解在中国》,华中师范大学出版社 1986 年版,第 36—38 页。(4)2013 年数据来源于周斌:《去年人民调解组织化解纠纷 943.9 万件》,载《法制日报》2014 年 2 月 28 日,第 1 版。(5)2015 年数据来源于司法部基层工作指导司人民调解处:《2015 年度全国人民调解工作数据统计》,载《人民调解》2016 年第 4 期,第 8—9 页。(6)2016 年数据来源于司法部基层工作指导司人民调解工作指导处:《2016 年度人民调解工作发展报告》,载《人民调解》2017 年第 6 期,第 19—20 页。

[6]　尹力:《走出人民调解协议法律效力的实践困境》,载《人民司法·应用》2008 年第 15 期,第 9 页。

(续表)

年份	人民调解委员会(万个)	人民调解员(万人)	化解矛盾纠纷(万件)
2010	81.81	466.9	841.84
2009	82.37	493.89	579.73(767.6)
2008	82.74	479	498.14
2007	83.66	486.87	480.02
2006	84.3	498.00	462.8
2005	84.7	509.6	448
2004	87	680	440
2003	87	680	570
2002	89.06	716.16	314.10
2001	92.3	无准确数据	486.07
2000	96	844.5	503
1999	97.41	880.25	518.86
1998	98.37	917.53	526.72
1997	98.53	1027.39	554.32
1996	100.16	1035.42	580.22
1995	100.98	1025.87	602.85
1994	100.94	999.76	612.37
1993	100.79	976.65	622.3
1992	101.12	1017.92	617.32
1991	104.03	991.41	712.55
1990	102.05	625.62	740.92
1989	100.6	593.71	734.1
1988	100.26	637.04	725.52
1987	98.03	620.58	696.61
1986	95.76	608.73	730.7
1984	93.96	无准确数据	670.00
1983	92.71	555.77	697.81
1982	86.00	533.95	816.58

人民调解衰落与萎缩的原因具有多元性。有论者在1988年就曾提醒:"人民调解协议的法律效力是直接关系到人民调

解工作成败,人民调解制度存亡的大问题。"[7]把人民调解协议变成具有强制执行力之文书的呼声在《民事诉讼法》1991年通过前即已存在,当时"有一种意见认为,调解达成的协议,对当事人双方、对社会都具有法律约束力,当事人不履行,应当强制执行"[8]。2003年时任司法部副部长胡泽君撰文指出:"人民调解协议没有法律效力是制约人民调解工作发展的主要原因"[9],这一官方判断虽姗姗来迟,但可谓精准到位。改革开放后,在2002年11月1日《涉人民调解协议案件规定》和《人民调解工作若干规定》施行前的很长一段时间内,法律和行政法规对人民调解协议的效力均采取模糊处理的做法。《民事诉讼法(试行)》第14条第2款只是规定人民调解协议应当履行,对当事人不履行人民调解协议的后续处理,却付诸阙如。1989年6月17日发布施行的《人民调解委员会组织条例》(制定主体为国务院)第9条规定:"人民调解协议应当履行,当事人反悔的,任何一方可以请求基层人民政府处理,也可以向人民法院起诉。"当事人对人民调解协议的反悔权据此得到肯定,但这部行政法规对当事人反悔后的起诉对象是人民调解协议还是原纠纷并未明确。

根据《人民调解工作若干规定》第36、37条的规定,当事人应当自觉履行人民调解协议,当事人不履行或者反悔的,人

---

[7] 王坚平:《关于人民调解协议的争论》,载《河北法学》1988年第6期,第41页。

[8] 唐德华:《民事诉讼法立法与适用》,中国法制出版社2002年版,第310页。

[9] 胡泽君:《人民调解工作的改革与发展》,载《国家行政学院学报》2003年第6期,第25—26页。

民调解委员会应当督促其履行,对经督促仍不履行的,应当告知当事人可以请求基层人民政府处理或者就人民调解协议的履行、变更、撤销向人民法院起诉。当事人反悔后的起诉对象自此被部门规章限定为人民调解协议,人民调解协议的内容自此可以通过法院支持履行请求的判决得以有效实现,尽管此类判决的获得需要交纳案件受理费,需要经历一审程序和可能的二审程序。《涉人民调解协议案件规定》第1条写明人民调解协议"具有民事合同性质,当事人应当按照约定履行自己的义务,不得擅自变更或者解除人民调解协议";第2条把关于人民调解协议的履行请求、变更请求、撤销请求以及确认无效请求纳入到民事诉讼的受案范围;第3条第3款把提供人民调解协议书作为针对原纠纷之起诉的法定抗辩手段,清晰地宣示"在人民调解协议被法院撤销或确认无效之前,针对原纠纷的起诉不会获得法院的实质性处置",人民调解协议借此成为处置针对原纠纷之起诉的阻却物。结合该司法解释第8条[10]对"法律约束力"这一术语的使用,不难得出如下判断:(1)《人民调解工作若干规定》和《涉人民调解协议案件规定》的规则设计强调人民调解协议的确定力与制约性,着眼于约束与被约束。(2)司法解释和部门规章在2002年的同时发力,使人民调解协议的效力得以明确化,"法律约束力"的术语表达在2010年制定《人民调解法》之前就已存在多年。(3)《涉人民调解协议案件规定》第1条在文义上并未把人民调解协议与民事合同完

---

[10] 《涉人民调解协议案件规定》第8条规定:无效的调解协议或者被撤销的调解协议自始没有法律约束力。调解协议部分无效,不影响其他部分效力的,其他部分仍然有效。

全等同[11],已注意到二者之间的差异性,其规定人民调解协议"具有民事合同性质",只是为了强调人民调解协议的合意性与自治性,没有忽视人民调解委员会对调解过程的介入、对合意达成的促进、对调解结果的确认与见证。

2002年人民调解协议效力的明确化,为相关案由的从无到有提供了带动力。文号为法发〔2000〕26号、自2001年1月1日起生效的《民事案件案由规定(试行)》没有规定和人民调解协议有关的案由。最高人民法院和司法部在2004年2月联合发布的《关于进一步加强人民调解工作切实维护社会稳定的意见》第7条首次明确涉及人民调解协议之民事案件的案由仍按纠纷性质确定。文号为法发〔2008〕11号、自2008年4月1日起施行的《民事案件案由规定》将"人民调解协议纠纷"列为第三级案由(编号为112),其隶属的第二级案由为"合同纠纷"、第一级案由为"债权纠纷",其之下包含四个第四级案由(请求履行人民调解协议纠纷、请求变更人民调解协议纠纷、请求撤销人民调解协议纠纷、请求确认人民调解协议无效纠纷)。案由的导向功能有助于使人民调解和诉讼之间衔接更为具体化,也有助于法院对人民调解指导的个案化更有用武之地。需要指出的是,与请求变更人民调解协议纠纷、请求撤销人民调解协议纠纷、请求确认人民调解协议无效纠纷相比,请

---

[11] 很多论者认为《涉人民调解协议案件规定》把人民调解协议定位为民事合同,进而对这一定位进行批驳(代表性文献可见江伟、廖永安:《简论人民调解协议的性质与效力》,载《法学杂志》2003年第2期;常怡:《人民调解协议的效力变迁》,载《昆明理工大学学报》2012年第5期)。在笔者看来,这些论证存在树错靶子的极大可能,因为《涉人民调解协议案件规定》没有直观地在人民调解协议和民事合同之间画上等号或者把二者的关系列为种属关系。

求履行人民调解协议纠纷本质上不存在民事权益争议,在其名称上冠以"纠纷"二字,忽略了其作为非讼事件的基本特征,对人民调解协议的确定力欠缺足够的尊重。

及至 2010 年《人民调解法》通过,人民调解协议首次被程序基本法明确为"具有法律约束力",这一用语与《合同法》第 8 条表述一致。关于如何解释《人民调解法》第 31 条中的"法律约束力",肖建国教授认为,这一用语"应当是一个复合性、多层性的概念,既包括合同效力,也包括高于合同效力的其他法律效力,合同效力只是人民调解协议的底线效力"[12];赵钢教授则认为,人民调解协议之效力从"具有民事合同性质"到"具有法律约束力",在内涵上并未发生实质性的改变,只是用语更为规范,保障了立法用语的科学性、一致性与经济性[13];被寄予厚望的官方解读也未能对"法律约束力"的内涵和外延作出界定,只是申明"调解协议的约束力主要靠当事人的道德水准和诚信理念"[14]。与《人民调解工作若干规定》第 37 条明显不同,《人民调解法》第 32 条承认当事人对人民调解协议拥有无条件的反悔权,把当事人反悔后的起诉对象由人民调解协议变更为原纠纷[15],意图实现对原纠纷的彻底性、一次性解

---

[12] 胡玥:《人民调解协议具有法律效力》,载《人民日报》2010 年 9 月 15 日,第 18 版。

[13] 赵钢:《人民调解协议的效力辨析及其程序保障》,载《法学》2011 年第 12 期,第 77 页。

[14] 扈纪华、陈俊生主编:《中华人民共和国人民调解法解读》,中国法制出版社 2010 年版,第 124—125 页。

[15] 关于立法理由的具体分析,可参见扈纪华、陈俊生主编:《中华人民共和国人民调解法解读》,中国法制出版社 2010 年版,第 127—129 页。

决,避免因人民调解而阻止当事人行使针对原纠纷的诉权。根据《人民调解法》第 32 条的规定,在人民调解协议生效后,不管申请司法确认的法定期间是否届满,当事人都无权只就人民调解协议的履行或内容向法院提起诉讼;自人民调解协议生效之日起 30 日内就原纠纷起诉构成对司法确认程序的阻却,会使申请司法确认的合意归于消灭,对已受理的司法确认案件,法院应裁定驳回司法确认申请[16];人民调解协议应否被撤销或确认无效,法院只能在针对原纠纷提起的诉讼中进行回应,"人民调解协议应否被撤销或确认无效"往往会成为针对原纠纷提起之诉讼的争议焦点和审理重点,针对原纠纷提起之诉讼的判决主文只要首先载明"撤销人民调解协议或确认人民调解协议无效"的判项,就应紧跟着载明有关对原纠纷作出处理的判项[17],如此才能符合彻底性、一次性解决原纠纷的立法意图。以《人民调解工作若干规定》为参照物,如此的调整可谓是

---

[16] 有论者认为,自人民调解协议生效之日起 30 日内申请司法确认和《人民调解法》第 32 条之诉可能构成竞合关系,《人民调解法》第 32 条之诉和《人民调解法》第 33 条之诉(因司法确认申请未得到法院支持而提起的诉讼)并非都是针对原纠纷(周翠:《司法确认程序之探讨》,载《当代法学》2014 年第 2 期,第 97—98 页)。如此的判断显然存在失误。

[17] 判决撤销人民调解协议并对原纠纷作出处理的判决书可见上海浦东新区法院作出的(2001)浦民一(民)初字第 20036 号判决书、上海青浦区法院作出的(2012)青民一(民)初字第 1855 号判决书、浙江绍兴诸暨市法院作出的(2013)绍诸民初字第 1004 号判决书、浙江金华市中院作出的(2014)浙金民终字第 667 号判决书、江苏南京江宁区法院作出的(2013)江宁民初字第 3119 号判决书、浙江绍兴诸暨市法院作出的(2014)绍诸民初字第 00190 号判决书、湖南岳阳市中院作出的(2014)岳中民三终字第 360 号判决书、浙江宁波市中院作出的(2016)浙 02 民终 209 号判决书、湖南株洲市中院作出的(2016)湘 02 民终 1092 号判决书。

霄壤之别，对有关人民调解协议的社会认知冲击极大，以致开考时间(2010 年 9 月 11、12 日)晚于《人民调解法》通过时间(2010 年 8 月 28 日)的 2010 年国家统一司法考试就有关人民调解协议之效力的考题(见表 4-2)竟给出了错误答案。

表 4-2　国家统一司法考试 2010 年第三卷第 35 题

题干	选项	阅卷答案
张某与李某产生邻里纠纷，张某将李某打伤。为解决赔偿问题，双方同意由人民调解委员会进行调解。经调解员黄某调解，双方达成赔偿协议。关于该纠纷的处理，下列哪一说法是正确的？	A. 张某如反悔不履行协议，李某可就协议向法院提起诉讼 B. 张某如反悔不履行协议，李某可向法院提起人身损害赔偿诉讼 C. 张某如反悔不履行协议，李某可向法院申请强制执行调解协议 D. 张某可以调解委员会未组成合议庭调解为由，向法院申请撤销调解协议	A

文号为法［2011］41 号、2011 年 2 月 18 日修改后的《民事案件案由规定》将"请求确认人民调解协议效力"列为第三级案由(编号为 127)，其隶属的第二级案由为"合同纠纷"、第一级案由为"合同、无因管理、不当得利纠纷"；2011 年修改后的《民事案件案由规定》第十部分(规定适用特殊程序案件案由)没有和人民调解协议相关的案由。在修改后的《民事案件案由规定》中，"请求确认人民调解协议效力"的案由未被放置于第十部分，而被放置于第四部分，属于美中不足的寄放。修改后的《民事案件案由规定》首先严格依照《人民调解法》第 32 条删除了"请求变更人民调解协议纠纷、请求撤销人民调解协议纠纷、请求确认人民调解协议无效纠纷"三个案由，其次根据《人民调解法》第 33 条把"请求履行人民调解协议纠纷"改造成"请求确认人民调解协议效力"，从而实现了有关人民调解协议之案由的单一化。这唯一的案由所隶属的第二级和第一

级案由虽有"纠纷"二字，但其本身已经与"纠纷"二字绝缘，司法确认程序的非讼特征就此得以很好地彰显。在《人民调解法》生效后，把案由确定为"请求确认人民调解协议效力纠纷"（见表4-3中的案例4、8），"纠纷"二字已属多余，构成对修改后《民事案件案由规定》的精准把握不够；继续使用"请求撤销人民调解协议纠纷"（见表4-3中的案例1、2、5、9、10）和"请求确认人民调解协议无效纠纷"（见表4-3中的案例6、7），属于对《人民调解法》和修改后《民事案件案由规定》的适用严重错误；用"确认合同无效纠纷"替代"请求撤销人民调解协议无效纠纷"（见表4-3中的案例11），属于不难察觉的偷梁换柱之举。案由确定错误，而判决撤销人民调解协议或确认人民调解协议无效但未对原纠纷作出处理的，案件的审判已出现重大瑕疵，原纠纷的解决会因诉讼程序的持续而周期拉长、成本增多、难度加大。

人民调解协议自身没有强制执行的法律效果，迄今其亦不是法定的执行依据。在《诉非衔接意见》颁行前，具有确定性给付内容的人民调解协议只能通过判决履行程序才能获得间接的执行力。《诉非衔接意见》终结了人民调解协议获得间接执行力之机制单一化的时段[18]，依该司法文件第20条，当事人可申请人民法院确认人民调解协议的效力，也可请求法院判决履行。司法确认程序与判决履行程序的并存格局，一直持续到《人民调解法》生效之前。当事人针对人民调解协议的起诉权被人民调解基本法剥夺后，司法确认程序成为赋予人民调解协议以间接执行力的关键机制，人民调解协议之法律约束力的后续

---

[18]《诉非衔接意见》第20条规定，就人民调解协议，当事人可以申请法院确认其效力，也可请求法院判决履行。

表 4-3 《人民调解法》生效后案由确定错误之部分案例简况表

[案例来源：聚法案例（www.jufaanli.com）]

编号	案号	审理法院	判决时间	案由	原纠纷	判决结果	人民调解协议制作时间
1	（2011）衡中法民一终字第347号	湖南省衡阳市中级人民法院	2011.10.17	请求撤销人民调解协议纠纷	劳动争议	1. 撤销一审判决 2. 撤销人民调解协议	2010.10.27
2	（2012）张锡民初字第0042号	江苏省张家港市人民法院	2012.3.19	请求撤销人民调解协议纠纷、雇员受害赔偿纠纷	雇员受害赔偿纠纷	1. 撤销人民调解协议 2. 对原纠纷作出处理	2011.1.14
3	（2014）泰靖桥民初字第0456号	江苏省靖江市人民法院	2014.11.21	请求确认人民调解协议效力	提供劳务受害责任纠纷	1. 撤销人民调解协议 2. 未对原纠纷作出处理	2013.6.13
4	（2015）额民一初字第29号	内蒙古自治区额济纳旗人民法院	2015.4.3	请求确认人民调解协议效力纠纷	草场纠纷	确认人民调解协议无效	2012.9.5
5	（2014）鄂江汉民二初字第01529号	武汉市江汉人民法院	2015.7.15（此案二审判决驳回上诉）	请求撤销人民调解协议纠纷	健康权纠纷	1. 撤销人民调解协议 2. 对原纠纷作出处理	2013.11.25
6	（2015）零民初字第133号	湖南省永州市零陵区人民法院	2015.8.18	请求确认人民调解协议无效纠纷	土地承包经营权纠纷	1. 确认人民调解协议无效 2. 未对原纠纷作出处理	2014.4.1

（续表）

编号	案号	审理法院	判决时间	案由	原纠纷	判决结果	人民调解协议制作时间
7	（2015）曲中民终字第1467号	云南省曲靖市中级人民法院	2015.12.18	请求确认人民调解协议无效纠纷	土地承包经营权纠纷	1. 驳回上诉 2. 一审判决人民调解协议部分无效 3. 一审判决未对原纠纷作出处理	2014.1.26
8	（2016）黔2628民初103号	贵州省锦屏县人民法院	2016.3.29	请求确认人民调解协议效力纠纷	土地承包经营权纠纷	1. 确认人民调解协议无效 2. 未对原纠纷作出处理	2015.6.8
9	（2016）陕02民终169号	陕西省铜川市中级人民法院	2016.5.18	请求撤销人民调解协议纠纷	机动车交通事故赔偿责任纠纷	1. 撤销一审判决 2. 撤销人民调解协议 3. 未对原纠纷作出处理	2014.7.22
10	（2016）川1028民初2721号	四川省隆昌县人民法院	2016.9.23	请求撤销人民调解协议纠纷	合伙协议纠纷	1. 撤销人民调解协议 2. 未对原纠纷作出处理	2015.9.12
11	（2017）兵1102民初121号	新疆生产建设兵团三坪垦区人民法院	2017.3.15（此案二审判决驳回上诉）	确认合同无效纠纷	机动车交通事故赔偿责任纠纷	1. 撤销人民调解协议 2. 未对原纠纷作出处理	2016.10.13

保障和跟进补强从此依赖司法确认程序独挑大梁。司法确认程序因免费适用和一审终审而具备的实然优势，已足以扑灭判决履行程序卷土重来的可能性。

二、减压功能：降低民事纠纷成案率

在 2005 年 10 月发布的《人民法院第二个五年改革纲要(2004—2008)》中，最高人民法院首次提出"与其他部门和组织共同探索新的纠纷解决方法，促进建立健全多元化的纠纷解决机制"[19]，多元化纠纷解决机制改革的帷幕由此开启。在经历地方探索和初期试点阶段(2004 年至 2007 年)、步骤安排和方案制定阶段(2008 年至 2009 年)、扩大试点和全面落实阶段(2010 年至 2013 年)后，多元化纠纷解决机制改革进入全面深化和升级换代阶段(2014 年至今)。[20] 身为这项改革的引领者、推动者和保障者，法院十多年来不遗余力，其表现可圈可点。然而，行为效果的利他性无法掩盖主观意图的利己性。屡创新高的收案量(见表 4-4[21])加剧了纠纷诉讼解决的供需失衡，有限的司法资源对解纷需求的回应愈发吃力，诉讼有求于非诉解纷方式成为不争的事实且由来已久。

---

[19] 见《人民法院第二个五年改革纲要(2004—2008)》第 7 条。

[20] 关于多元化纠纷解决机制改革四个阶段的划分及各自的代表性成果，可见李少平主编：《最高人民法院多元化纠纷解决机制改革意见和特邀调解规定的理解与适用》，人民法院出版社 2017 年版，第 17—20 页。

[21] 表四的数据来自：(1)《图说最高人民法院工作报告》，载《人民法院报》2017 年 3 月 13 日，第 4 版；(2)《图说最高人民法院工作报告》，载《人民法院报》2016 年 3 月 14 日，第 4 版。

表 4-4　2005 年至 2017 年全国法院收案与结案情况表

（单位：万件）

年份	2005	2006	2007	2008	2009	2010	2011	2012	2013	2014	2015	2016
收案	841.3	854.2	885.1	990.5	1051.1	1086.7	1150.3	1251.8	1337.5	1438	1766	2305.3
结案	836.8	855.5	885.1	983.9	1054.5	1099.9	1147.9	1239.7	1294.7	1379.7	1671.4	1979.2

　　2017 年员额制改革全面完成，遴选产生员额法官 120138 名[22]，有办案资格者减少 43.33%（改革前有 211990 名法官）。"整体上说，从法院层级上看，80% 以上的案件受理在基层法院，'案多人少'矛盾主要在基层法院；从案件类型上看，80% 以上的案件是民事案件，'案多人少'矛盾集中于民事案件。"[23] 可以预计，基层法院民事审判领域内员额法官的人均办案量在不短的时间内都将维持在高位水平。对内挖潜和对外借力是破解案多人少矛盾的共识性路径。对内挖潜的重点是要处理好案的因素和人的因素之间的关系，长期漠视人的因素而过分强调案的因素，容易诱发"案件增多—给法官加压—法官不堪压力而流失—整体办案能力下降—裁判质量不高或积案率居高不下"的可怕后果。当办案力量已经满负荷或超负荷运转时，对内挖潜只能量力而行、适可而止、有所不为。在立案前把纠纷导向适当的非诉解决方式，是法院对外借力的首选措施。如此措施若能实现规模化、规范化和长效化，将有助于民事纠纷成案率的降低和法院收案增幅的减小。

　　每种解纷方式都兼有长处和短板，对具体的纠纷类型都呈现出不同的适应性，解纷方式的单一主义在实践面前已是土崩

---

[22]　周强：《最高人民法院关于人民法院全面深化司法改革情况的报告》，载《人民法院报》2017 年 11 月 2 日，第 1 版。

[23]　李少平：《深化"繁简分流"改革 破解"案多人少"矛盾》，载《人民法院报》2016 年 6 月 8 日，第 5 版。

瓦解。鉴于人民调解在政治资源、人力资源和制度资源方面拥有的绝对优势，法院对外借力若想取得规模效应，当然会首选把纠纷导向人民调解。诉讼调解结案多年来与判决结案旗鼓相当，海量的典型案例和翔实的司法统计数据足以确保法院对适宜调解的纠纷类型作出判断。权利不被实现等于权利被否定，权利实现比权利确认更具有实质意义。司法确认程序能够为人民调解之成果的有效实现提供坚强后盾，使人民调解在权利实现层面的作用不逊色于诉讼，使人民调解之程序便利、规则宽松、对抗性弱、免费适用的优势得以凸显，有助于增强纠纷主体对人民调解的接受度和消解起诉者对法院把纠纷导向人民调解可能产生的怀疑态度与抵触情绪。目前很多法院在立案大厅使用装有智能排队管理系统的取号机，打印出的号牌往往载有等待排期开庭的案件数量和选择非诉调解的建议。这些信息会加重起诉者对诉讼周期过长的担心，对其选择非诉调解形成一定的心理强制。经由司法确认程序来降低民事纠纷成案率的正当性来源于纠纷分流的正当性，而纠纷分流的正当性来源于对当事人意愿的尊重。法院应克服家长式思维，须最大可能地尊重当事人对解纷方式的选择权，以便让选择人民调解成为当事人的心甘情愿之行为，而非迫于无奈之举动。所以，在非诉调解程序前置主义被立法明文确认之前，法院不应把纠纷强行导向人民调解。

　　司法确认程序对降低民事纠纷成案率的贡献与可申请司法确认之人民调解协议的数量正向相关，而可申请司法确认之人民调解协议的数量与人民调解的工作范围也正向相关。简而言之，人民调解的工作范围越广，可申请司法确认之人民调解协议的数量就会越多，司法确认程序对降低民事纠纷成案率的贡献就会越大。

民间纠纷是人民调解的工作范围。作为专用术语,"民间纠纷"早就被写进宪法和程序基本法,但宪法和程序基本法至今未对其内涵与外延予以确定。宪法和程序基本法之下可据以确定民间纠纷之内涵与外延的只有《人民调解委员会暂行组织通则》《民间纠纷处理办法》和《人民调解工作若干规定》(见表4-5)。1954年4月发布的《人民调解工作须知》载明:(1)一般民事纠纷是指婚姻、债务、土地、房屋、分家、继承等纠纷,性质比较严重、情节比较复杂、影响比较重大的纠纷和牵涉到公私关系、劳资关系、外侨宗教等的纠纷不属于一般民事纠纷。(2)轻微刑事案件一般是指轻微的侵占、打架、伤害、毁损、小额偷窃、欺诈、妨害名誉与信用等案件。在《人民调解委员会组织条例》取代《人民调解委员会暂行组织通则》之前的三十多年里,"情节比较简单、性质不太严重、事实比较清楚、争议标的不大"是人民调解所调解之民间纠纷的特点[24],解决难度成为确定民间纠纷之外延的基本标准,民间纠纷相异于民事纠纷,两者之间存在交叉关系。司法部对全国的人民调解工作负有全面系统的指导职责,其制定的《民间纠纷处理办法》却令人费解地从纠纷主体的角度限缩了民间纠纷的范围,如此作茧自缚式的调整加重了人民调解的衰落。《人民调解工作若干规定》没有承继《民间纠纷处理办法》的不当做法,正视民间纠纷之主体的多元性,强调民间纠纷之争议内容的民事性,把民间纠纷归为民事纠纷。

---

[24] 江伟、杨荣新主编:《人民调解学概论》,法律出版社1990年版,第119页。

表 4-5　民间纠纷之内涵与外延的法源一览表

法源	条文序号	具体内容
《人民调解委员会暂行组织通则》（1954年3月22日颁布，1989年6月17日失效）	第3条	民间纠纷包括一般民事纠纷和轻微刑事案件
《民间纠纷处理办法》（1990年4月19日颁行）	第3条	民间纠纷为公民之间有关人身、财产权益和其他日常生活中发生的纠纷
《人民调解工作若干规定》（2002年11月1日施行）	第20条	民间纠纷包括发生在公民与公民之间、公民与法人和其他社会组织之间涉及民事权利义务争议的各种纠纷

关于民间纠纷之内涵与外延的争论持续存在，《人民调解法》对此也无能为力。"立法机关经研究认为，民间纠纷的具体内容是发展变化的，不同地区的矛盾纠纷表现也不同，对民间纠纷的具体内容可以不作规定。根据近年的实践，一般认为，凡是发生在公民与公民之间、公民与法人之间或者其他组织之间，涉及当事人有权处分的人身、财产权益的纠纷，都属于民间纠纷，都可以通过人民调解来处理。但法律、行政法规规定应当由专门机关管辖处理的纠纷或者禁止采用调解方式解决的纠纷除外。"[25] 立法者没有借制定《人民调解法》之机明确规定人民调解的工作范围，正视了民间纠纷之实践样态的复杂性与多样性，有助于保持民间纠纷之内涵与外延的开放性和灵活性，为人民调解之工作范围的择机扩张留下较大空间。但事实上的有权解释者仍然把民间纠纷归为民事纠纷，认为民事纠纷的外延大于民间纠纷的外延；仍然从纠纷主体的角度来划定人民调解的工作范围，认为民间纠纷的一方主体必须是自然人，

---

[25] 扈纪华、陈俊生主编：《中华人民共和国人民调解法解读》，中国法制出版社2010年版，第14页。

把法人之间、非法人组织[26]之间、法人和非法人组织之间的民事纠纷排除在民间纠纷之外。随着行业性、专业性人民调解的发展，民间纠纷一方主体的自然人属性势必会受到挑战。随着越来越多的疑难复杂、涉及面广、跨地区、跨单位或属于群体性的民间纠纷经由人民调解得以解决，解决难度将不再被普遍作为确定民间纠纷之外延的基本标准。这样民间纠纷在外延上就会和民事纠纷趋于一致，人民调解的工作范围就会接近于民事诉讼的受案范围，法院把纠纷导向人民调解的口径就会具有名副其实的全面性，司法确认程序对民事纠纷成案率的降低才会取得大规模效应。

三、参照功能：助力行政调解细则化

行政调解在解决民事纠纷方面具有专业、高效、主动的突出优势。在国家治理的决策层重视法治政府建设和纠纷解决的现实语境下，行政调解受到青睐。对在消费者权益、劳动关系、医患关系、物业管理等方面的民事纠纷和在资源开发、环境污染、公共安全事故等方面的民事纠纷，以及涉及人数较多、影响较大、可能影响社会稳定的纠纷，行政调解被期待能够发挥重要的化解作用。文号为［2010］33号的国务院《关于加强法治政府建设的意见》提出要建立由地方各级人民政府负总责、政府法制机构牵头、各职能部门为主体的行政调解工作体制。2011年4月中央社会治安综合治理委员会等16部门联

---

[26] 自2017年10月1日起施行的《民法总则》把民事主体分为自然人、法人、非法人组织，本章对相关术语的使用与《民法总则》保持一致。

合印发的《大调解指导意见》把行政调解与人民调解、司法调解一并称为大调解的三驾马车。2015年12月发布的《法治政府建设实施纲要(2015—2020年)》将"依法有效化解社会矛盾纠纷"列为七项主要任务之一,该部分把充分发挥行政调解在解决民事纠纷中的作用确定为目标。

国家治理决策层的青睐没有水涨船高地带来行政调解[27]制度化水平的改进。不能以《劳动争议调解仲裁法》和《农村土地承包经营纠纷调解仲裁法》的先后施行为实例,判断行政调解的制度化已臻较高水平,因为劳动争议仲裁委员会(由劳动行政部门代表、工会代表和企业方面代表组成)和农村土地承包仲裁委员会(由当地人民政府及其有关部门代表、有关人民团体代表、农村集体经济组织代表、农民代表和法律、经济等相关专业人员兼任组成)尽管当前行政色彩依然浓厚,但立法者期待的民间性正在逐渐加强,它们所主持的调解在应然层面和学理层面应被归为民间调解,而非行政调解。整体来看,行政调解的立法进展极为缓慢,致使行政调解的制度供给非常匮乏。制定统一行政程序法的呼声多年来一直未停[28],但至今未能如愿。行政调解程序是行政程序的下位概念,故制定行政调解单行法的建议属画饼充饥。《行政调解条例》曾被列入国务院2011年的立法规划,但至今杳无音讯。针对民事纠纷的行

---

[27] 行政调解可用以解决民事纠纷,也可用以解决行政争议,本章以针对民事纠纷的行政调解为论证重点。

[28] 《呼启动行政程序法立法 消除程序规则模糊空白》,载《中国人大》2012年第19期,第36页;蒋安杰:《行政程序立法已具备足够条件》,载《法制日报》2015年12月30日,第12版;张维:《学界建议尽快出台统一行政程序法》,载《法制日报》2016年11月19日,第6版。

政调解至今只能被零散地规定在数量很难准确统计的法律、行政法规和部门规章[29]中。从 31 部规定针对民事纠纷的行政调解的法律(见表 4-6)可以看出：(1)可适用行政调解化解的民事纠纷必须和行政调解主体的行政职权相关，其类型具有特定性。(2)行政调解主体具有多元性，体现出行政事项的广泛性、复杂性，行政调解主体的统一化难如登天且将劳而无功。(3)《产品质量法》第 47 条、《著作权法》第 55 条、《劳动法》第 77 条、《社会保险法》第 83 条第 3 款前半段、《合同法》第 128 条、《电子商务法》第 60 条、《铁路法》第 32 条第 1 款、《中外合作经营企业法》第 26 条第 1 款和《合伙企业法》第 103 条第 2 款均未具体写明行政调解主体，只是写明调解是特定民事纠纷的解决方式，对这些条文进行字面解释，方能使行政调解职能的法定性得以显示。(4)《土地管理法》第 16 条、《矿产资源法》第 49 条、《森林法》第 17 条、《劳动法》第 84 条、《社会保险法》第 83 条第 3 款后半段和《消费者权益保护法》第 46 条在规定行政调解职能时，未使用"调解"一词，而代之以"处理"二字。

表 4-6　行政调解重要法律渊源简况表

法律渊源	适用行政调解的民事纠纷类型	行政调解主体
《治安管理处罚法》第 9 条	因民间纠纷引起的打架斗殴或损毁他人财物等违反治安管理、情节较轻的损害赔偿纠纷	公安机关
《道路交通安全法》第 74 条	交通事故损害赔偿纠纷	公安机关交通部门

---

〔29〕 规定行政调解的行政法规有《医疗事故处理条例》(自 2002 年 9 月 1 日起施行)等；规定行政调解的部门规章有《人事争议处理规定》(自 2007 年 10 月 1 日起施行)等。

(续表)

法律渊源	适用行政调解的民事纠纷类型	行政调解主体
《海上交通安全法》第46条	因海上交通事故引起的民事纠纷	主管机关
《突发事件应对法》第21条	可能引发社会安全事件的纠纷	县级人民政府及其有关部门、乡级人民政府、街道办事处
《农村土地承包法》第51条	土地承包经营纠纷	乡(镇)人民政府
《农村土地承包经营纠纷调解仲裁法》第3条	农村土地承包经营纠纷	乡(镇)人民政府
《土地管理法》第16条	单位之间的土地所有权和使用权纠纷	县级以上人民政府
《土地管理法》第16条	个人之间、个人与单位之间的土地所有权和使用权纠纷	乡级人民政府或县级以上人民政府
《矿产资源法》第49条	矿山企业之间的矿区范围纠纷	县级以上地方人民政府
《森林法》第17条	单位之间的林木、林地所有权和使用权纠纷	县级以上人民政府
《森林法》第17条	个人之间、个人与单位之间的林木所有权和林地使用权纠纷	当地县级或乡级人民政府
《水法》第57条第1款	水事纠纷	县级以上地方人民政府
《海域使用管理法》第31条	海域使用权纠纷	县级以上人民政府海洋行政主管部门
《产品质量法》第47条	因产品质量发生的民事纠纷	产品质量监督部门
《水污染防治法》第97条	因水污染引起的损害赔偿责任和赔偿金额纠纷	环境保护主管部门或海事管理机构、渔业主管部门
《固体废物污染环境防治法》第84条	因固体废物污染引起的损害赔偿责任和赔偿金额纠纷	环境保护行政主管部门或其他固体废物污染环境防治工作的监督管理部门

(续表)

法律渊源	适用行政调解的民事纠纷类型	行政调解主体
《环境噪声污染防治法》第61条	因环境噪声污染引起的损害赔偿责任和赔偿金额纠纷	环境保护行政主管部门或其他环境噪声污染防治工作的监督管理部门、机构
《土壤污染防治法》第96条第3款	土壤污染引起的民事纠纷	地方人民政府生态环境等主管部门
《著作权法》第55条	著作权纠纷	著作权行政管理部门
《商标法》第60条第3款	对侵犯商标专用权的赔偿数额纠纷	工商行政管理部门
《专利法》第60条	侵犯专利权纠纷	管理专利工作的部门
《种子法》第73条第2款	侵犯植物新品种所造成的损害赔偿纠纷	县级以上人民政府农业、林业主管部门
《劳动法》第77、84条	用人单位和劳动者之间的劳动争议	劳动行政部门
《劳动法》第77、84条	因签订集体合同发生的争议	当地人民政府劳动行政部门
《社会保险法》第83条第3款	个人与所在用人单位发生的社会保险争议	社会保险行政部门
《社会保险法》第83条第3款	用人单位侵害个人社会保险权益的纠纷	社会保险行政部门或社会保险费征收机构
《合同法》第128条	合同纠纷	工商行政管理部门和其他有关行政主管部门
《消费者权益保护法》第46条	消费者与经营者之间的纠纷	有关行政部门
《电子商务法》第60条	电子商务争议	有关部门
《旅游法》第93条	旅游者和旅游经营者之间的纠纷	由县级以上人民政府指定或设立的统一旅游投诉受理机构
《铁路法》第32条第1款	铁路运输合同纠纷	有关部门

(续表)

法律渊源	适用行政调解的民事纠纷类型	行政调解主体
《中外合作经营企业法》第26条第1款	中外合作者履行合作企业合同、章程发生的纠纷	对外经济贸易主管部门
《合伙企业法》第103条第2款	合伙人履行合伙协议发生的纠纷	有关行政管理机关
《婚姻法》第32条第1款	离婚纠纷	有关部门
《妇女权益保障法》第55条	侵害妇女在农村集体经济组织中的各项权益的或因结婚男方到女方住所落户而侵害男方和子女享有与所在地农村集体经济组织成员平等权益的纠纷	乡镇人民政府

从条文数量和内容构成看，规章成为行政调解制度化的关键载体。由11部规定针对民事纠纷的行政调解的规章(见表4-7)可以发现：(1)在2011年《大调解指导意见》印发之前，部门规章对行政调解的制度化贡献颇大，对行政调解协议的效力几乎没有涉及，行政调解的运行存在领域不均衡现象。(2)在2011年《大调解指导意见》印发之后，地方政府规章对行政调解的制度化居功至伟，行政调解的运行存在地域不均衡现象，与四部综合性地方政府规章不同，三部单行性地方政府规章均规定当事人可就行政调解协议提出司法确认申请。(3)行政调解未被普遍一致地与行政执法行为加以区分，如《浙江省行政程序办法》在第五章"特别行政执法程序"中规定行政调解，这使得行政调解主体的中立角色和服务精神被忽视，行政调解制度化的独立性受到贬损。

表 4-7 代表性行政调解规章简况表

规章类别	规章名称	施行之日	相关条文数量
部门规章	《仲裁检定和计量调解办法》	1987年10月12日	9
	《合同争议行政调解办法》	1997年11月3日	24
	《海域使用权争议调解处理办法》	2002年4月28日	25
	《旅游投诉处理办法》	2010年7月1日	32
单行性地方政府规章	《北京市行政调解办法》	2015年9月1日	37
	《辽宁省行政调解规定》	2015年12月1日	38
	《浙江省行政调解办法》	2017年3月1日	30
综合性地方政府规章	《湖南省行政程序规定》	2008年10月1日	7
	《山东省行政程序规定》	2012年1月1日	4
	《江苏省行政程序规定》	2015年3月1日	6
	《浙江省行政程序办法》	2017年1月1日	2

行政调解的制度化长期高度依赖规章，分而治之、各自为战的局面就不可避免，部门利益或地方利益就会凸显并会经由规章的制定与施行而得到固化，抑制规章制定主体一味谋求特色的冲动就会更加困难，协调各方以实现行政调解规则共性化的可能小而又小。关于针对民事纠纷的行政调解协议之效力与司法确认，既有规章唯司法文件和司法解释马首是瞻，没能体现出丝毫的独立品格，只是亦步亦趋、随波逐流。《诉非衔接意见》首次规定针对民事纠纷的行政调解协议具有民事合同性质(第8条)、当事人就其可申请司法确认(第20条)，当时司法确认程序尚未实现法律化，《诉非衔接意见》的如此规定可不被评价为违法。《人民调解法》第33条和2012年修改后的《民事诉讼法》第194条明确规定只有对人民调解协议才可申请司

法确认[30],而 2015 年 2 月公布施行的《民诉法解释》第 353 条[31]和 2016 年 6 月发布的《深化多元改革意见》第 31 条却无视《人民调解法》和《民事诉讼法》,照搬《诉非衔接意见》扩大可申请司法确认之非诉调解协议范围的规定,明目张胆地违反民事程序基本法。[32]《辽宁省行政调解规定》第 33 条和《浙江行政调解办法》第 24 条均与司法文件、司法解释保持高度一致,司法文件和司法解释欠缺合法性的明显烙印也被打在这些规章上。

与其他针对民事纠纷的行政调解相比,治安调解的适用具有很强的优先性,治安调解协议的自动履行以后置的、可能的行政处罚为保障手段。对违反治安管理行为的民间纠纷,文号为公通字〔2006〕12 号的《公安机关执行〈中华人民共和国治安管理处罚法〉有关问题的解释》第 1 条规定"公安机关应当依法尽量予以调解处理"。"应当"和"尽量"两词的使用,意在阻断公安机关不经治安调解而径行对违反治安管理行为人给予行政处罚,行政处罚的谦抑性因治安调解的存在而得到不错的彰显。依《治安管理处罚法》第 9 条,达成治安调解协议并自动履行的,对违反治安管理行为人不予处罚;未达成治安调解协议或达成后不履行的,应给予处罚。这一规定使"治安调解在先,行政处罚未必在后"成为事实。基于对行政处罚之后续

---

〔30〕 全国人大常委会法制工作委员会民法室:《〈中华人民共和国民事诉讼法〉条文说明、立法理由及相关规定》,北京大学出版社 2012 年版,第 313 页。

〔31〕 相关解读可见沈德咏主编:《最高人民法院民事诉讼法司法解释理解与适用》,人民法院出版社 2015 年版,第 922—923 页。

〔32〕 如此违法的设计也存在于地方性法规之中,如《黑龙江省社会矛盾纠纷多元化解条例》第 41 条和《福建省多元化解纠纷条例》第 45 条。

影响的评估，违反治安管理行为人会自觉或不自觉地增强达成和自动履行治安调解协议的意愿，治安调解协议的自动履行率在法律层面即已获得基本保障。实践中，为防止反悔，不少公安机关恪守"自动履行在先，制作治安调解协议书在后"的事实性规则，以保证行政调解能有成效和治安案件的尽快结案。所以，因自动履行率不理想而把针对民事纠纷的行政调解协议纳入可申请司法确认的范围，排除治安调解的论证才会具有说服力。

近年内有望完成的《著作权法》和《专利法》的修改，将会为部分行政调解协议被纳入司法确认程序的客体范围提供法律层面的支持。2014年6月向社会各界征求意见的《著作权法（修订草案送审稿）》第85条写明："著作权行政管理部门可以设立著作权纠纷调解委员会，负责著作权和相关权纠纷的调解。调解协议的司法确认，适用《中华人民共和国民事诉讼法》有关确认调解协议的规定。"2015年12月向社会各界征求意见的《专利法（修订草案送审稿）》第61条写明："处理专利侵权纠纷的专利行政部门，应当事人的请求，可以就侵犯专利权的赔偿数额进行调解；调解不成的，当事人可以依照《中华人民共和国民事诉讼法》向人民法院起诉。调解协议达成后，一方当事人拒绝履行或者未全部履行的，对方当事人可以申请人民法院确认并强制执行。"从以上修法信息可以预判，《著作权法》和《专利法》的修改一旦完成，司法确认程序的客体将不再局限于人民调解协议，针对民事纠纷之行政调解协议的法律性质将得以明确化，行政调解一般性规则的总结与提升将变得更有必要，行政调解细则化的进程将大为加快。有关部分行政调解协议之司法确认的规则构建，没有必要和可能另起炉灶，参照司法确认程序既有制度资源的得与失是理性的选择。

四、善治功能：缔造基层治理良善化

郡县治，天下安。基层不牢，地动山摇。实现权利有保障、权利受制约、违法必追责、正义可预期、公平看得见的善治状态与推进国家治理体系和治理能力现代化，须以基层治理的良善化为基础。离开基层的稳定有序，基层治理的良善化无从谈起。民间纠纷倘若悬而不决或决而不了，基层的稳定有序将注定是镜中之花。所以，人民调解能否公正及时高效地化解民间纠纷，根本性地决定着基层治理的良善化水平。人民调解协议的质量体现人民调解的制度能力，反映人民调解在基层治理中是举足轻重还是无关紧要。

对人民调解进行指导，是基层人民法院的法定职责，也是司法权之社会属性的体现。1982 年生效的《民事诉讼法（试行）》第 14 条、1983 年施行至 2018 年 12 月的《人民法院组织法》第 22 条（2018 年修改为第 25 条）、2012 年修改前的《民事诉讼法》第 16 条和《人民调解法》第 5 条对此都从未间断地予以规定。与其他法源不同，《人民调解法》第 5 条缩小了基层人民法院的指导范围，基层人民法院对人民调解的指导只是对人民调解委员会调解民间纠纷进行业务指导，其指导职责具有特定性和针对性。参加司法行政部门组织的人民调解员培训活动、组织人民调解员旁听法院对民事案件的庭审、与人民调解员召开典型纠纷分析会、聘请人民调解员担任人民陪审员是司法确认程序入法前法院对人民调解进行业务指导的常用手段。这些指导手段的运用往往无法取得全面性、持续性和实质性的效果，不少基层人民法院表现出倦怠倾向和消极态度，很多人民调解委员会和人民调解员表现出厌烦情绪和应付立场，人民调解和诉讼之间的相互依赖度很难因此加强。在司法确认程序入法后，有权解释者申明，审理司法确认案件应成为基层人民法院对人民调解进行业务指导的主要手段。[33] 在司法确认程序中，法院有权对人民调解协议的程序合法性、实体合法性和内容明确性进行审查，体现诉讼对人民调解的监督职能，可从外部视角评价人民调解协议是完美无瑕、瑕不掩瑜还是瑜不掩瑕，从而为人民调解协议的质量提供外在的评判标准。司法确认申请被法院裁定不予受理或驳回时，若能辅之以具体的说理，可为人民调解的日后运行提供确定的指引。人民调解委员会和人民调解员如能以"有则改之，无则加勉"的态度理性地对待法院作出的司法确认文书，人民调解协议存在重大瑕疵的比例就会明显下降，眼前个案层面诉讼对人民调解的监督与控制就会演化成长远总体层面诉讼对人民调解的支持与服务。

人民法院对人民调解协议的实体合法性进行审查，应格外注意人民调解和民事诉讼在实体依据方面的差异，不然易造成诉讼对人民调解的强行规训，加重人民调解的司法化，引发人民调解对诉讼的反感与抵牾。依《人民调解法》第 3 条的规定，人民调解的实体依据是法律、法规和国家政策。此法条中的"法律"与"法规"不是并列关系，后者应包括在前者之中，前者应在广义上理解为立法法所规定的立法权主体创制的规范总称。与《民法通则》第 6 条规定"民事活动必须遵守法律，法律没有规定的，应当遵守国家政策"不同，《民法总则》第 10

---

[33] 扈纪华、陈俊生主编：《中华人民共和国人民调解法解读》，中国法制出版社 2010 年版，第 25 页。

条规定"处理民事纠纷,应当依照法律;法律没有规定的,可以适用习惯,但是不得违背公序良俗"。《民法总则》施行后,国家政策不再是直接的民法渊源,也不再是法院审判民事纠纷的实体依据,依据国家政策作出的民事裁判不再具有合法性。在不违背法律、法规和国家政策所设定的强制性规定的前提下,人民调解可把公序良俗、社会公德、行业惯例、村规民约作为实体依据,这比法院审判民事纠纷的实体依据要宽泛许多。法院如以民事裁判的实体合法性标准来审视人民调解协议,人民调解协议获得司法确认的比例就会大幅下降。若顺从这种苛求,人民调解就会趋同于诉讼,丧失自己的独立性与可识别度;若对抗这种苛求,人民调解就会失去诉讼的有力支持,重新跌回效力软化的泥沼。由此可见,审查人民调解协议之实体合法性时,法院应持谦抑立场和利他态度,这样才能使人民调解协议的质量得到客观的评价,从而有利于人民调解发挥出化解民间纠纷、维护基层秩序的巨大作用。

从诉讼支持人民调解的角度看,法院的审查力度与人民调解协议的质量状况应反比例相关。人民调解协议的质量理想时,法院的审查力度应减小;人民调解协议的质量差劲时,法院的审查力度应加大。当前人案矛盾的压力驱动与纠纷分流的现实需求浑然一体,出于利己的本能和短期应急的需要,法院很容易不考量人民调解协议的质量状况,而划一地对人民调解协议予以放行,在司法确认程序中充当名不副实的"橡皮图章",构成对人民调解一时的娇纵和随意的迁就,这不利于人民调解的规范运行与长远发展,也不利于甄别和制止利用司法确认程序实现非法目的的行为。法院确定对人民调解协议的审查力度,应重点考虑原纠纷的类型、人民调解组织的综合实力与专业性和发生虚假诉讼的可能性。若原纠纷是新型民间纠纷，或者人民调解组织的综合实力偏弱、专业性偏低，或者发生虚假司法确认的可能较大，对应的审查力度应更大。总而言之，在作为基层人民法院对人民调解进行业务指导之主要载体的司法确认程序中，法院须在支持和监督两端之间找到平衡点，偏向任何一端的举动都会削弱人民调解在基层治理中的制度优势。

第五章
司法确认案件管辖的解释论

作为适用非讼程序审理的崭新案件类型，确认人民调解协议案件（本章他处简称"司法确认案件"）在《民事诉讼法》第二编第十五章第六节中被称为"确认调解协议案件"，是指对于平等主体之间涉及当事人有权处分的民事权益纠纷，经人民调解委员调解达成具有民事合同性质的协议后，由法院依照双方当事人的共同申请对人民调解协议进行司法审查，从而判断应否赋予其以强制执行力的新型案件。司法确认案件的管辖能否全然参照适用争讼案件的管辖法理，颇为值得从法解释学的视角加以厘清。

审视民事诉讼法学三十余年来的发展历程，非讼程序部分的理论成果少之又少，稳定成型的研究路径与富有特色的论证脉络十分匮乏，对域外相关学理的译介普遍显得僵硬以致话语对接困难，被强烈渴求多年的精准介评与全面思考也很少令人惊喜地见到。有关非讼程序的规则设计在法典修改和司法解释、司法文件制发过程中往往处于被忽视、轻视、漠视或鄙视的尴尬境地。有关非讼程序之疑难问题的争议往往因法条的出台而偃旗息鼓，学术探讨中的法条崇拜习惯和说理自卑情绪总是反复出现，本就不多的法条中的规范要素至今仍有极大的必要予以剖析和提炼。本章拟以司法确认案件管辖为研究对象，以解释规范文本中的相关法条为中心，以期为司法确认案件管辖的学理自洽和以后的规则改进提供支持，并以小见大地为中国语境中非讼法理的自强助力。

一、司法确认案件的级别管辖

根据《人民法院组织法》（1979年通过，1983年、1986年、2006年、2018年修改）、全国人民代表大会常务委员会《关于在沿海港口城市设立海事法院的决定》（1984年通过）、全国人民代表大会常务委员会《关于在北京、上海、广州设立知识产权法院的决定》（2014年通过）、全国人民代表大会常务委员会《关于设立上海金融法院的决定》（2018年通过）等规范性法律文件，当前我国的法院共有四个级别，在最高人民法院之下有地方人民法院和专门人民法院（主要包括军事法院、海事法院、知识产权法院和金融法院）两种序列之分，地方人民法院的数量远远多于专门人民法院，地方人民法院的案件管辖范围远远大于专门人民法院；从级别上看，地方人民法院分为基层人民法院、中级人民法院、高级人民法院三个级别，最低级别是基层人民法院(包括县人民法院和不设区的市[1]人民法院、自治县人民法院、市辖区人民法院);军事法院分为三个级别,最高级别为解放军军事法院、最低级别为基层军事法院;铁路运输法院分为两个级别,最低级别为铁路运输基层法院。海事法院(无权管辖第二审海事海商案件)、知识产权法院(有权管辖部分第二审知识产权案件)和上海金融法院(可管辖第二审金融民商事案件)只有一个级别,相当于中级人民法院;从法定称谓上看,地方人民法院的名称中含有"人民"一词,而专门人民法院的名称中则没有这一语词。

施行在先的《诉非衔接意见》第 21 条、《司法确认程序规定》第 2 条和施行在后的《民事诉讼法》第 194 条、《民诉法解释》第 353 条先后均规定司法确认案件由基层人民法院管辖。与施行在后的两个条文不同,施行在先的两个条文在后半部分特别规定因委托调解而发生的司法确认案件由委托法院管辖,如此的设计忽视了司法确认程序与委托调解程序的显著差异[2],没有充分地意识到中级人民法院、高级人民法院作为委托法院的诸多实例对委托法院之级别多样化的巨大影响,也没有清醒地意识到委托法院之级别的多样化对司法确认案件管辖法院的级别必然会产生的波及式作用,从而致使后者呈现出不应有的复杂化特征,故这两个条文的后半部分因与施行在后

---

[1] 甘肃省嘉峪关市,海南省的儋州市、三沙市和广东省的东莞市、中山市是我国目前仅有的四个不设市辖区的地级市,此处"不设区的市"不包括它们在内,值得注意的是,儋州市人民法院为基层人民法院,其上一级法院是海南省第二中级人民法院。

[2] 关于司法确认程序与委托调解程序的显著差异,笔者曾作出较为细致地阐明,具体可参见刘加良:《委托调解的制度要素》,载《法律科学》2014 年第 4 期,第 191 页。

的规则不一致而应当予以废止,即中级人民法院、高级人民法院作为司法确认案件之管辖法院的规范依据已经不复存在。如何对这四个条文中的"基层人民法院"进行文义解释,取决于对"部分专门人民法院可否管辖特定类型的司法确认案件"这一追问的回应。若回应持否定的立场,则只须依照《人民法院组织法》第 24 条的封闭性列举对"基层人民法院"进行机械但省力的字面解释;若回应持肯定的立场,则须把握《人民法院组织法》等法律未就"基层人民法院"作出内涵界定的机会、依据"当层级多个时,最低一层为基层"的日常逻辑对"基层人民法院"进行灵活但必要的扩大解释。

允许基层军事法院、铁路运输基层法院和海事法院、知识产权法院管辖部分司法确认案件,具有合法理性和可行性,理由如下:(1) 文号为法释［2012］11 号的最高人民法院《关于军事法院管辖民事案件若干问题的规定》(2012 年 8 月 20 日通过)、文号为法释［2012］10 号的最高人民法院《关于铁路运输法院案件管辖范围的若干规定》(2012 年 7 月 2 日通过)、文号为法释［2016］4 号的最高人民法院《关于海事法院受理案件范围的规定》(2015 年 12 月 28 日通过)[3]、文号为法释［2014］12 号的最高人民法院《关于北京、上海、广州知识产权法院案件管辖的规定》(2014 年 10 月 27 日通过)和文号为法释［2018］14 号的最高人民法院《关于上海金融法院案件管辖的规定》(2018 年 7 月 31 日通过)是有关专门人民法院案件管辖的五个司法解释,这些司法解释中确定由专门人民法院管辖

---

[3] 文号为法释［2001］27 号的最高人民法院《关于海事法院受理案件范围的若干规定》(2001 年 8 月 9 日通过)已被自 2016 年 3 月 1 日起施行的法释［2016］4 号所取代。

的第一审民事案件带有范围限定的特征,所针对的原纠纷类型比较集中,有不少适宜通过人民调解达成协议解决并存在申请司法确认的必要,如不允许专门人民法院管辖这些司法确认案件,则会出现司法供给难以有效匹配司法需求和浪费专门人民法院之专业优势的现象,制度性地诱发民事纠纷的成案率和拉长民事纠纷的处置周期;这些司法确认案件若交由地方人民法院序列中的基层人民法院管辖,则会发生故意借助司法确认规避专门管辖的情形。(2)允许专门人民法院管辖部分司法确认案件,"针对性地归口处理"是必须满足的起码要求,这意味着相关的司法确认案件预计在不短的时段内数量会很少,与案多人少之压力无关的专门人民法院的审理负担不会因此而显著地增加,专门管辖应恪守的适当性原则也不会因此而受到丝毫地动摇。(3)不能以赋权专门人民法院适用《民事诉讼法》第15章规定的"特别程序"审理案件的规范先例不多作为否定其管辖部分司法确认案件的理由。依法释〔2001〕27号第3条,海事法院有权审理因海事事故宣告死亡的案件、认定海上或者通海水域财产无主的案件;依法释〔2012〕11号第1、2条,基层军事法院有权审理军队设立选举委员会的选民资格案件、认定营区内无主财产案件、宣告军人失踪或者死亡的案件、认定军人无民事行为能力或者限制民事行为能力的案件。有关司法确认案件与担保物权实现案件的两节在《民事诉讼法》2012年修改时方被纳入"特别程序"章,法释〔2001〕27号和法释〔2012〕11号的通过时间早于《民事诉讼法》2012年的修正时间,若非如此,这两个司法解释料必会为专门人民法院管辖部分司法确认案件一并提供明确的规范依据。2016年2月24日公布的法释〔2016〕4号第6条的内容设计即印证了笔者的如此判断,据此海事法院有权审理包括就海事纠纷申请司法确认调解协议案件在内的 23 种海事特别程序案件。(4)允许海事法院、知识产权法院和上海金融法院管辖部分司法确认案件,可在海事法院能否适用小额诉讼程序的争议[4]暂时停歇后,有助于再次把"程序的适用须与法院的级别严格挂钩"的坚冰敲开缝隙,让司法确认程序的适用真正契合预设的价值取向和理性的现实需求。

基于以上分析,司法确认案件的管辖法院应包括地方人民法院序列中的基层人民法院和专门人民法院中的基层军事法院、铁路运输基层法院、海事法院、知识产权法院和上海金融法院。在除法释〔2016〕4 号之外的有关专门人民法院案件管辖的其余四个司法解释修改前,对《诉非衔接意见》第 21 条、《司法确认程序规定》第 2 条、《民事诉讼法》第 194 条和《民诉法解释》第 353 条四个条文中的"基层人民法院"进行扩大解释十分必要,唯如此,方可使相关法规范的漏洞得以修补。

---

〔4〕 2013 年 5 月 27 日通过的最高人民法院《关于海事法院可否适用小额诉讼程序问题的批复》规定海事法院可以适用小额诉讼程序。赵钢、郝晶晶所著的《海事诉讼案件不宜适用小额审判机制——兼述小额审判机制之适用范围》(载《法学评论》2014 年第 6 期,第 178—183 页)一文认为该批复忽视了海事诉讼案件的特殊性与小额审判机制适用范围的特定性,且其推论基础明显存在谬误,更欠缺对海事诉讼案件适用小额审判机制有无实际需要的科学论证。然而,2015 年 2 月起施行的《民诉法解释》第 273 条则是在该批复的基础上略加修改而成,继续规定海事法院能够适用小额诉讼程序。

二、司法确认案件的地域管辖

(一) 司法确认案件不适用协议管辖和专属管辖

对于司法确认案件的地域管辖，《诉非衔接意见》第 21 条规定当事人可以书面调解协议为载体在当事人住所地、调解协议履行地、调解协议签订地、标的物所在地法院中选择约定管辖法院，并特别强调"约定不得违反法律对专属管辖的规定"。由此可见，《诉非衔接意见》对司法确认案件适用明示协议管辖和专属管辖持肯定的态度，同时申明专属管辖优先于明示协议管辖的规则同样适用于司法确认案件。与 2012 年修改前的《民事诉讼法》总则编中有关明示协议管辖的条文(第 25 条)简单比较可知，《诉非衔接意见》第 21 条对其的模仿痕迹极为严重，意图把契约因素和自治色彩引进司法确认案件的地域管辖制度中，在管辖法院方面给当事人以更多的选择项，展示对当事人之程序主体地位的有意尊重，其背后的设计动机极易给人以"正当且自觉"的高尚印象。迫于《诉非衔接意见》第 21 条之设计动机的"高尚性"所衍生出的不小压力，颁行在后、其第 2 条否定司法确认案件能够适用明示协议管辖的《司法确认程序规定》的起草者不得不作出专门的阐释。"人民调解委员会主要调解民间纠纷，多为婚姻家庭、继承纠纷，相邻关系纠纷以及简单的民事合同、侵权责任纠纷，而且人民调解委员会与纠纷当事人之间联系密切，与当事人通常就在同一个村或者同一个街道。因此，就人民调解协议的司法确认管辖而言，没有必要规定若干个选择项供当事人选择。"[5] 如此的阐释间接透露出《司法确认程序规定》对《诉非衔接意见》第 21 条之设计动机的认可，直接展示出其规定司法确认案件不适用明示协议管辖的真正原因是"没有必要"而非"有悖基本法理"。

明示协议管辖的适用范围从"合同纠纷"扩展到"合同或者其他财产权益纠纷"是《民事诉讼法》2012 年修改时的一大进步。由于"其他财产权益纠纷"是个模糊的法律概念，牵涉主观判断，故明示协议管辖的适用范围在修法前后很快成为了学术探讨的热点。如李浩主张，"其他财产权益纠纷，应当是指因侵权行为、不当得利、无因管理等而发生的有关财产权益的纠纷"[6]；王福华指出，有必要对"其他财产权益纠纷"给予必要限定，未来的修法仍应考虑以肯定列举或者排除式列举的方法来明确协议管辖的适用范围[7]；周翠则认为，未来可将"财产权益纠纷"广义解释为"身份关系纠纷之外的一切纠纷"[8]。作为"财产权益纠纷"的上位概念，"民事纠纷"在既有的涉及明示协议管辖的学术探讨中几乎不被提及。其实，判断一事项是否属于民事纠纷，才是应否将其纳入明示协议管辖之适用范围时应考虑的首要问题。"存在民事权益争议"是

---

[5] 卫彦明、蒋惠岭、向国慧：《〈关于人民调解协议司法确认程序的若干规定〉的理解与适用》，载《法律适用》2011 年第 9 期，第 35 页。

[6] 李浩：《民事诉讼管辖制度的新发展——对管辖修订的评析与研究》，载《法学家》2012 年第 4 期，第 153 页。

[7] 王福华：《协议管辖制度的进步与局限》，载《法律科学》2012 年第 6 期，第 166 页。

[8] 周翠：《协议管辖问题研究——对〈民事诉讼法〉第 34 条和第 127 条第 2 款的解释》，载《中外法学》2014 年第 2 期，第 469 页。

民事纠纷的必要条件和基本特征。简言之,若一事项不存在民事权益争议,则必定不属于民事纠纷,进而必定不能被纳入明示协议管辖的适用范围。而司法确认案件的构成要素之一是纠纷的当事人双方已经在人民调解委员会的主持下达成了调解协议,彼此之间的民事权益争议已不复存在,讼争性的特征在司法确认申请提出前已经消失。所以,讨论司法确认案件是否适用明示协议管辖[9]几乎没有价值,仅有的丁点价值也许就在于提醒有关民事纠纷的基本法理依然需要大力普及和再三强调。鉴于《民事诉讼法》第33条有关国内专属管辖和第266条有关涉外专属管辖的规定中均使用了"纠纷"一词,默示协议管辖(亦称应诉管辖)被《民事诉讼法》第127条第2款规定在"第一审普通程序"章,以及第一审普通程序适用于审理复杂的民事争讼案件,故司法确认案件不适用专属管辖和默示协议管辖的缘由可类推参照前述对司法确认案件不适用明示协议管辖的分析。

值得注意的是,一般法与特别法的关系法理不能用以对司法确认案件可适用协议管辖与专属管辖的论证。《民事诉讼法》第34条(规定国内协议管辖)和第35条(规定国内专属管辖)居于法典的"总则编",而作为司法确认案件之管辖规范的《民事诉讼法》第194条则居于法典的"分则编"。依一般法理,总则

---

[9] 令人遗憾和诧异的是,《民诉法解释》的解读者在时隔数年后全盘照搬《〈关于人民调解协议司法确认程序的若干规定〉的理解与适用》一文的相关语句来说明司法确认案件为何不适用明示协议管辖,再次失去纠错的机会。具体可参见沈德咏主编、最高人民法院修改后民事诉讼法贯彻实施工作领导小组编著:《最高人民法院民事诉讼法司法解释理解与适用(下)》,人民法院出版社2015年版,第923页。

统率、指导分则；分则体现总则，且不得与总则相抵触。法条在法典中的位置容易给人错觉，令人认为《民事诉讼法》的第34、35条与第194条之间构成一般法与特别法的关系，进而认为在第194条未涉及协议管辖和专属管辖的情况下，司法确认案件可补充适用相关的一般法。这种错觉产生的根源在于对一般法与特别法之区分依据的不当认知。"从法的效力的四个维度观来看，一般法是指在时间、空间、对象以及立法事项上作出的一般规定的法律规范，特别法则是与一般法不同的适用于特定时间、特定空间、特定主体（或对象）、特定事项（或行为）的法律规范。"[10] 区分一般法与特别法是践行"特别法优先适用，一般法补充适用"法理的前提条件，事项的同质性是区分一般法与特别法的前提条件。然而，《民事诉讼法》的第34条和第35条针对的是民事争讼事项，第194条针对的则是非讼事项，事项的非同质性一目了然。司法确认案件可援引一般法适用协议管辖与专属管辖的论点由此也就被抽掉了根基，如同无本之木。

（二）确定标准的当事人本位与可能的案件管辖集中化

司法确认案件的地域管辖采取何种标准，应考虑是否方便当事人利用司法确认程序，是否方便法院对人民调解协议展开必要的审查。"调解组织所在地"标准为立法选定，全赖2012年修改后的《民事诉讼法》，先前出场的《人民调解法》对此全无作为。人民调解委员会的设立实行备案制，受理民间纠纷的人民调解委员会一旦确定，对应的司法确认案件之管辖法院也就

---

[10] 汪全胜：《"特别法"与"一般法"之关系及适用问题探讨》，载《法律科学》2006年第6期，第51页。

会随之确定。人民调解程序的启动方式具有二元性,依申请启动属常态。当事人对人民调解委员会的自主选择权越大,司法确认案件管辖法院之确定的当事人本位就越发明显。

从规则演进的视角看,当事人对人民调解委员会的选择权沿着相当平坦的路径不断扩充。在《人民调解工作若干规定》于2002年11月1日施行前,《人民调解委员会暂行组织通则》(1954年3月22日颁行,1989年6月17日废止)和《人民调解委员会组织条例》(1989年6月17日颁行)对人民调解委员会的地域管辖尽管没有作出规定,但实践中普遍奉行"人民调解委员会的管辖,以当事人住所地、纠纷发生地为标准来划分,如果当事人住所地、纠纷发生地不在同一地区,则由有关的人民调解委员会共同调解"[11]。《人民调解工作若干规定》第21条第1款规定民间纠纷的调解由纠纷当事人所在地(所在单位)或者纠纷发生地的人民调解委员会受理。当事人所在地的外延更大,包括但不限于当事人住所地,确定人民调解委员会的地域管辖至此由简单变得复杂,当事人的选择空间变得更大,但对争讼案件之地域管辖规则的参照更为直接,呈现出司法化的倾向,严格化的特征并未消减。及至《人民调解法》,为保持人民调解的灵活性和遏制人民调解的司法化倾向,人民调解委员会地域管辖规则的设计被放弃,只是提倡"应当遵循与当事人有密切联系的原则、就近原则和有利于纠纷解决的原则"[12]。与当事人有密切联系的原则强调民间纠纷最好由当事人户籍所

---

[11] 江伟、杨荣新主编:《人民调解学概论》,法律出版社1990年版,第119页。

[12] 扈纪华、陈俊生主编:《中华人民共和国人民调解法解读》,中国法制出版社2010年版,第66页。

在地、居住地、纠纷发生地、工作单位等设立的人民调解委员会调解；就近原则注重对当事人和人民调解委员会之间物理距离的强调；有利于纠纷解决的原则注重对纠纷解决的结果与人民调解委员会的专长优势之明显关联性的强调。自《人民调解法》施行之日起，当事人即可自由地选择向哪个人民调解委员会申请调解，对三个提倡性原则即可进行不遵循或部分遵循，人民调解的自治性在此得到了几近极致的释放与尊重；口碑越好的人民调解委员会，就会更多地被当事人所选择，市场竞争压力下的人民调解委员会将面对受案不均的形势，长期受案严重不足的部分人民调解委员会将面对生存危机。

若人民调解协议的自动履行率保持稳定的水平，司法确认案件的受案量和人民调解的受案量之间将出现很高的正向相关度。更多民间纠纷向特定人民调解委员会的聚集，必然会导致更多司法确认案件向特定法院集中。这绝非不着边际的理论预设，目前如火如荼的电视调解和锋芒初露的网购纠纷在线调解将很快为司法确认案件管辖的集中化提供实例支撑。以江西电视台卫星频道人民调解委员会（以下简称江西卫视调委会）为例做简要的分析。2011年3月21日，江西卫视《金牌调解》栏目首期开播，截至2013年6月，《金牌调解》已拍摄832期、播出817期，现场调解和场外调解的纠纷分别为832件和180余件，调解成功率达92.6%，晚间同时段收视率多次位居全国省级卫视之首，平均收视率长期保持在前列，每期的视频在多家网络视频平台同步播出，很多当事人有上《金牌调解》节目解决纠纷的迫切愿望；江西省司法厅与江西卫视联合策划并成立了江西卫视调委会，节目最后宣读的调解书上加盖其印章，

2013年8月其被司法部评为全国模范人民调解委员会。[13]电视机前的观众自己可就家庭、婚姻、邻里、侵权赔偿等纠纷利用电话、网络、书面等方式或者通过当地人民调解委员会联系由江西卫视调委会进行受理及调解，跨省域的异地人民调解频频出现，电视调解的不错效果成为当事人选择异地调解的主要理由，在法院审查人民调解协议要求当事人就异地调解作出合理解释时，江西卫视调委会的良好口碑将成为异口同声的回答。可以预见，若不对现场调解和场外调解的申请加以必要的筛选与限制，江西卫视调委会的解纷压力将不堪重负，其所在地的法院审理司法确认案件的负担也会相应地大幅度增加。

三、确认裁定的执行管辖

司法确认案件的处理采取"非此即彼"的二元模式，在确认申请被受理后，结果要么是确认人民调解协议，要么是驳回确认申请，不存在部分确认部分驳回的处理结果。确认人民调解协议的法律文书起初被司法解释确定为"决定书"（《司法确认程序规定》第8条），后来被法典确定为"裁定"（《民事诉讼法》第195条），"确认决定书"很快为"确认裁定"所取代，确认人民调解协议成为《民事诉讼法》第154条第1款所规定的"其他需要裁定解决的事项"，确认人民调解协议裁定（本章他

---

[13] 参见王敏华的《"有问题来调解，来调解没问题"——全国模范人民调解委员会、江西〈金牌调解〉人民调解委员会工作纪实》（载《人民调解》2013年第10期，第13—14页）和文号为司发通［2013］121号的司法部《关于表彰全国模范人民调解委员会模范人民调解员的决定》。

处简称确认裁定)在法典中找到了具有合法性的位置。确认人民调解协议之法律文书名称的变化对确认裁定的执行管辖有莫大的影响。

《民事诉讼法》第 224 条第 2 款规定，判决、裁定之外的其他法律文书的执行，由被执行人住所地或者被执行财产所在地人民法院负责。历经 2007 年和 2012 年两次修法，此款规定从未发生变动。依三段论的推理逻辑，若确认人民调解协议使用决定书，相应的执行则应归为"其他法律文书的执行"，由被执行人住所地或者被执行财产所在地人民法院管辖，调解组织所在地人民法院与这两个法院不同或相同的可能同时存在且很难予以精准的量化。但是，《司法确认程序规定》第 9 条却偏离这一演绎推理的思路，规定对应的执行法院为作出确定决定的人民法院。如此的设计一方面使《司法确认程序规定》第 9 条构成了对《民事诉讼法》第 224 条第 2 款的僭越，成为越权创制新规则的不良样本；另一方面使司法确认案件的执行管辖与审判管辖严格实行同一地盯准，均归于同一个法院，司法确认文书被裁定不予执行的概率将因此而小很多，此种出于善良的考量值得肯定与承继。

在确认人民调解协议的法律文书被法典确定为具有更高认可度的"裁定"后，确认裁定之执行管辖在法典中的解释依据也随之变为《民事诉讼法》第 224 条第 1 款。此款规定与 2007 年修改后《民事诉讼法》第 201 条第 1 款毫厘不差，但与 2007 年修改前《民事诉讼法》第 207 条第 1 款则差别不小（见表 5-1）。

表 5-1　裁判文书执行管辖条文对比表

《民事诉讼法》条文序号	条文内容
第 207 条第 1 款（1991 年通过时）	发生法律效力的民事判决、裁定，以及刑事判决、裁定中的财产部分，由第一审人民法院执行。
第 201 条第 1 款（2007 年修改后） 第 224 条第 1 款（2012 年修改后）	发生法律效力的民事判决、裁定，以及刑事判决、裁定中的财产部分，由第一审人民法院或者与第一审人民法院同级的被执行的财产所在地人民法院执行。

关于民事诉讼中的难题，有"三难说"和"五难说"两种概括，前者是指"立案难，诉讼难，执行难"，后者是指在三难之外还存在管辖难、送达难。执行难是长期存在且至今未能有效解决的问题，其主要体现为"被执行人难找，可执行财产难寻，协助执行人难求，应执行财产难动"。异地执行通常比本地执行难度更大、风险更高。文号为中发［1999］11 号的中央文件曾指出，地方和部门保护主义是造成人民法院执行难的重要原因。着力解决"申诉难"和"执行难"以回应 30 名全国人大代表所提出的议案，是《民事诉讼法》2007 年修改的直接动因。[14] 当时立法者之所以把民事判决、裁定的执行法院增加一个，目的在于更好地解决被执行财产在外地时执行债权如何有效实现的难题，虽然这是立法者面对异地执行的风险过大和委托执行的效果因地方保护主义而不理想的实际状况作出的无奈之举，但毕竟在名义上为权利人一方申请强制执行提供了额外的选项。从用语严谨的角度看，《民事诉讼法》第 224 条第 1 款中的"第一审人民法院"暗含着产出民事判决、裁定

---

[14] 刘加良：《当下中国纠纷解决的基本立场》，北京大学出版社 2014 年版，第 105 页。

的案件实行二审终审的意味,而司法确认案件实行一审终审,不予受理确认申请的裁定、确认裁定和驳回确认申请的裁定均不可上诉。于是,《民诉法解释》第462条第1款用"作出裁定的人民法院"置换了"第一审人民法院",规定确认裁定的执行由作出裁定的人民法院或者与其同级的被执行财产所在地人民法院负责,套用式地追随《民事诉讼法》第224条第1款,并吸收了《司法确认程序规定》第9条关于"司法确认文书作出者可负责执行"的有益内核,解释立场的"于法有据"藉此得以夯实。但是,如果被执行财产不在作出确认裁定之法院的辖区内,权利人一方选择向与其同级的被执行财产所在地人民法院申请执行,审判管辖即与执行管辖出现分离,执行法院即异于作出确认裁定的法院,它们对执行根据之构成要件的认知与适用会存在或多或少的差异,此时司法确认文书被执行法院裁定不予执行的可能就无法忽略不计。

最高人民法院审判委员会专职委员、执行局时任局长刘贵祥在2016年1月指出:"执行难应是指有财产可供执行而不能得到及时全部执行的情况,表现为被执行人抗拒或规避执行、转移或隐匿财产、逃废债务;法院执行手段匮乏、执行措施不力或出现消极执行、拖延执行,以及有关人员或部门干预执行等情形。"[15] 在全国范围内的执行难尚未得到真正解决的当下,部分确认裁定的执行难料必也会发生,对确认裁定的执行状况进行理性评估,离不开对有财产可供执行和无财产可供执行两种情形的清晰区分。对无财产可供执行的从宽把握,会导致权利实现之最后防线的崩溃和法律秩序之休克状态的出现,

---

[15] 罗书臻:《以公正高效的执行赢得人民群众的信赖》,载《人民法院报》2016年1月7日,第1版。

故其应采取从严的判断标准,即要求执行法院应穷尽有关财产调查的各种执行措施,不能把当前没有而将来可能有财产的情形纳入其中,也不能把执行法院尽到"四查"(向有关金融机构查询被执行人银行存款,向有关房地产管理部门查询被执行人房地产登记,向法人登记机关查询被执行人股权,向有关车管部门查询被执行人车辆)职责作为认定为无财产可供执行的充分必要条件。无财产可供执行的情形属于执行不能,其所产生的权利无法实现的风险无法通过执行法院和权利人一方的勤勉尽责加以消除,不可用以评估确认裁定的执行状况。实践中执行案件评估常见的指标有执行结案率、实际执行率、执行标的到位率,相较于前两个指标,执行标的到位率更有实质意义。通常这三个指标的数值次第下降,带给执行法院的压力次第增加,权利人一方对它们的期待次第升高,它们的形成原因均复杂且多元。故不能武断地以确认裁定的执行标的到位率不高来逆向质疑司法确认程序的正当性和人民调解的有用性,当然这不是为促进人民调解协议具备自动履行之条件的努力或走走停停或踟躅不前提供托辞。

第六章
司法确认程序的实践误区及其矫正

我国的多元化纠纷解决机制改革始自 2004 年，实现诉讼与非诉解纷机制的衔接在这项改革中尤为重要。作为诉讼与非诉解纷机制相衔接截至目前唯一的立法成果，司法确认程序具有促进人民调解实效化的复兴功能、降低民事纠纷成案率的减压功能、助力行政调解细则化的参照功能和缔造基层治理良善化的善治功能。然而，这些功能在实践中并未得到很好的发挥，与司法确认程序的运行存在误区息息相关。本章拟从实证的视角剖析三大误区的成因并提出可资矫正的对策。

一、司法确认程序之客体范围的扩大化

案例一：沂源县中医医院与江某发生医疗损害赔偿纠纷，2015 年 4 月 13 日经沂源县卫

生局主持调解,达成调解协议书。调解协议书载明:(1)沂源县中医医院同意向江某一次性支付人民币 6 万元(包括治疗费、误工费、营养费、补助金等所有相关费用),自沂源县中医医院依协议支付全部款项后,双方争议即告终结。(2)本协议为此争议的最终处理,自本协议生效之日起,任何一方不得再以任何理由和任何方式向对方主张包括诉讼权利在内的一切权利,且不得以本协议作为主张权利的依据。任何一方出现违约行为,将无条件按本协议支付款项的两倍支付给对方。(3)双方的履约行为是在充分咨询、熟知相关法律条款及医学知识的前提下意思的真实表达。沂源县中医医院在调解协议书上盖章,江某在调解协议书上签名捺印,沂源县卫生局以调解方的名义在调解协议书上盖章。2015 年 4 月 14 日沂源县法院受理沂源县中医医院与江某提出的司法确认申请,并于同日作出确认调解协议有效的裁定。[1]

案例二:吕某与李某发生公路货物运输合同纠纷,于 2018 年 1 月 12 日向武城县法院起诉,武城县法院于 2018 年 2 月 7 日向某律师事务所驻法院调解室出具委派调解函,2018 年 2 月 8 日律师调解员姜某主持调解,达成调解协议书。调解协议书载明:(1)李某自愿赔偿吕某因此次事故所产生的救援费、货物(车辆)损失费、评估费、交通费共计人民币 7.462 万元,2018 年 2 月 23 日前一次性给付吕某 1 万元,2018 年 3 月 23 日前将剩余的 6.462 万元一次性给付吕某。(2)待上述款项支付完毕后,吕某积极协助李某向第三人进行追偿。(3)其他无争议。双方在调解协议书上签名捺印,律师调解员姜某和记

---

[1] 案例信息来源于山东省沂源县人民法院(2015)调确字第 3 号案卷。

录人万某在调解协议书"调解员(调解组织)"处签字,律师调解组织未在调解协议书上盖章。2018年2月8日武城县法院受理吕某与李某提出的司法确认申请,并于同日作出确认调解协议有效的裁定。[2]

案例三:因息烽诚诚劳务有限公司(以下简称"诚诚公司")、贵阳开磷化肥有限公司(以下简称"开磷公司")在息烽县小寨坝镇大鹰田非法倾倒工业废渣,作为贵州省人民政府的指定代表人,贵州省环境保护厅与诚诚公司、开磷公司发生生态环境损害赔偿纠纷,2017年1月13日经贵州省律师协会调解,达成《生态环境损害赔偿协议》。该协议书载明:(1)由诚诚公司、开磷公司将纠纷所涉废渣全部清运至合法渣场填埋处置,对废渣清空后的库区覆土回填,覆土后进行植被绿化。(2)由诚诚公司、开磷公司在协议签订后15日内委托第三方按《环境污染损害评估报告》的意见提出生态环境损害修复方案,经贵州省环境保护厅同意后组织实施,并于2017年8月30日前完成修复并报贵州省环境保护厅组织修复效果评估。(3)前期应急处置费用已由开磷公司支付完毕,渣场综合整治及生态修复工程等费用由开磷公司先行承担,诚诚公司与开磷公司各自应承担的费用由双方自行协商解决。清镇市人民法院于2017年1月22日受理司法确认申请,于2017年1月23日至2月6日在贵州省高级人民法院门户网站对协议主要内容进行公示,于2017年3月27日作出确认调解协议有效的

---

[2] 案例信息来源于山东省武城县人民法院(2018)鲁1428民特5号案卷。

裁定。[3]

从解纷力量的来源看，非诉调解协议可分为行政调解协议和民间调解协议，其中后者以人民调解协议为主力类型。从解纷主体的团体化程度看，非诉调解协议可分为组织型和个人型两种，非诉调解组织的盖章是非诉调解协议书生效的形式要件。从解纷的对象看，非诉调解协议可分为私益型和公益型两种，公益型非诉调解协议所针对的原纠纷多不具有传统性。案例一中的调解协议是行政调解协议、组织型和私益型非诉调解协议。案例二中的调解协议是民间调解协议、个人型和私益型非诉调解协议。案例三中的调解协议是民间调解协议、组织型和公益型非诉调解协议，不是人民调解协议，其针对的不是民间纠纷，因为双方主体均不是自然人。

司法确认程序的客体范围旨在回答司法确认程序可面向哪些非诉调解协议适用。2009年7月发布的《诉非衔接意见》是规定司法确认程序之客体范围的首个全国性司法文件，其第20条把经行政机关、人民调解组织、商事调解组织、行业调解组织或者其他具有调解职能的组织调解达成的具有民事合同性质的协议全部纳入司法确认程序的客体范围，意图实现非诉调解与诉讼的全方位对接和体现对各种非诉调解的一视同仁，但没有很好地考虑非诉调解主体和有关主管部门的态度，引起了相关权力主体的警惕与担忧，导致司法文件制定者的满腔热情没能换来可观的积极响应。

就全面放开还是有限控制司法确认程序的客体范围这一问题，在2012年修改《民事诉讼法》的过程中，存在不小的争议。

---

[3] 案例信息来源于贵州省清镇市人民法院(2017)黔0181民特6号民事裁定书。

鉴于司法确认程序会冲击或改变法院与非诉调解主体（尤其是行政机关）的关系结构，加之非诉调解的实践样态复杂多样，立法者对此持稳妥审慎的态度，在《民事诉讼法》第 194 条[4]中使用了"人民调解法等法律"和"调解组织"两个关键词。前一个关键词中的"法律"特指全国人民代表大会和全国人民代表大会常务委员会制定的法律，故"等"字的使用不是旨在说明列举未穷尽，而是旨在为以后规定司法确认程序的其他法律预留《民事诉讼法》能与它们衔接的空间。由此可见，《民事诉讼法》把司法确认程序的客体范围限定在人民调解协议，《诉非衔接意见》的放开式设计未能得到《民事诉讼法》的承认，《诉非衔接意见》第 20 条与《民事诉讼法》第 194 条明显不一致。为体现对法典之位阶与效力的尊重，在 2012 年修改后的《民事诉讼法》生效后，《诉非衔接意见》第 20 条即不应再成为司法确认程序的适用依据。然而，案例一、二、三均反其道而行之，将人民调解协议之外的其他非诉调解协议违反《民事诉讼法》地纳入司法确认程序的客体范围。

司法确认程序的客体范围之所以存在违法扩大的误区，与最高人民法院不遵守依法解释的原则高度相关，也与司法确认案件的管辖法院过于顺从、依赖司法文件和司法解释密不可分。

关于司法确认程序的客体范围，2015 年 2 月起施行的《民诉法解释》和 2016 年 6 月发布的《深化多元改革意见》明知但无视《诉非衔接意见》第 20 条与《民事诉讼法》第 194 条之间存在的冲突，知错不改地固守法院本位主义。《民诉法解释》第 353

---

[4]《民事诉讼法》第 194 条规定：申请司法确认调解协议，由双方当事人依照人民调解法等法律，自调解协议生效之日起 30 日内，共同向调解组织所在地基层人民法院提出。

条虽然字面上未使用"非诉调解协议"的用语,但事实上仍坚持经非诉调解组织主持达成的调解协议均可申请司法确认。[5]《深化多元改革意见》第 31 条一方面重述《诉非衔接意见》第 20 条关于司法确认程序之客体范围的规定,另一方面许可个人型非诉调解协议(特邀调解员主持达成的立案前委派调解协议)可申请司法确认。2016 年 7 月起施行的《特邀调解规定》第 19 条第 2 款和 2017 年 9 月发布的《律师调解意见》第 12 条对《深化多元改革意见》第 31 条亦步亦趋(见表 6-1),致使在《民事诉讼法》2012 年修改后发布的两个司法解释和两个司法文件均没有恪守合法性原则,放任司法确认程序的客体范围长期呈现不受限制的特征。《深化多元改革意见》的有权解读者认为,"与人民调解相比,其他非诉调解均遵循当事人自愿、有权处分和保密等调解的基本规则,其在与司法确认的衔接需求和对接理论上,与人民调解并没有实质区别"[6]。如此解读有意忽视各种非诉调解的实践状况和它们之间的差异性,想当然地认为各种非诉调解在与司法确认程序的衔接上具有相同的需求。以行政调解和人民调解的对比为例,对前者的合法性要求应高于后者,法院对行政调解协议的合法性审查应力度更大;至少是行政调解中治安调解的现实权威远高于人民调解的现实权威,而非诉调解对与司法确认程序衔接的需求与其现实权威状况却呈反向相关,非诉调解的现实权威状况越好,其对与司法确认程

---

〔5〕 参见沈德咏主编:《最高人民法院民事诉讼法司法解释理解与适用》,人民法院出版社 2015 年版,第 923 页。

〔6〕 李少平主编:《最高人民法院多元化纠纷解决机制改革意见和特邀调解规定的理解与适用》,人民法院出版社 2017 年版,第 288 页。

序衔接的需求就越不旺盛。"尽可能地增加纠纷由法院向外分流的渠道,借助非诉解纷方式的力量疏减讼压,提高法院对非诉解纷方式的影响力",才是司法文件和司法解释的制定者执着地扩大司法确认程序之客体范围的动力所在。

表 6-1　司法确认程序之客观范围有关法源一览表

法源	具体内容
《诉非衔接意见》第20条	经行政机关、人民调解组织、商事调解组织、行业调解组织或者其他具有调解职能的组织调解达成的具有民事合同性质的协议,经调解组织和调解员签字盖章后,当事人可以申请有管辖权的人民法院确认其效力。
《民诉法解释》第353条	申请司法确认调解协议的,双方当事人应当本人或者由符合《民事诉讼法》第五十八条规定的代理人向调解组织所在地基层人民法院或者人民法庭提出申请。
《深化多元改革意见》第31条	经行政机关、人民调解组织、商事调解组织、行业调解组织或者其他具有调解职能的组织调解达成的具有民事合同性质的协议,当事人可以向调解组织所在地基层人民法院或者人民法庭依法申请确认其效力。登记立案前委派给特邀调解组织或者特邀调解员调解达成的协议,当事人申请司法确认的,由调解组织所在地或者委派调解的基层人民法院管辖。
《特邀调解规定》第19条第2款	委派调解达成的调解协议,当事人可以依照民事诉讼法、人民调解法等法律申请司法确认。当事人申请司法确认的,由调解组织所在地或者委派调解的基层人民法院管辖。
《律师调解试点意见》第12条	经律师调解工作室或律师调解中心调解达成的具有民事合同性质的协议,当事人可以向律师调解工作室或律师调解中心所在地基层人民法院或者人民法庭申请确认其效力,人民法院应当依法确认调解协议效力。

司法确认案件当前只能由基层人民法院管辖。最高人民法院有权监督包括基层人民法院在内的地方各级人民法院和专门人民法院的审判工作。我国的法律创制长期存在"宜粗不宜细"的状况,操作性很强的规则严重依赖于司法解释和司法文

件的出台,司法解释和司法文件架空、突破、抛弃法律的实例比比皆是,低级别法院对司法解释和司法文件的依赖强烈且持久。只要最高人民法院没有明文废止或明确表态不再适用,即便依据基本法理和常情可轻易判断出继续适用不合法,低级别法院仍会逆来顺受、无动于衷。面对司法文件和司法解释接二连三地扩大司法确认程序的客体范围,司法确认案件之管辖法院的态度也是如此,其所制定的细则千篇一律,只注重具体做法的修补性,良性的侧重和选择性执行也少而又少,不自觉地帮助司法确认程序之客体范围的扩大化从文本走向实践。

二、司法确认案件之裁判文书的秘密化

与文号为法释[2011]5号、自2011年3月30日起施行的《司法确认程序规定》第5条规定是否确认人民调解协议使用"决定"不同,2012年修改后的《民事诉讼法》第195条规定确认人民调解协议有效和驳回司法确认申请均使用"裁定"。

阳光是最好的防腐剂,秘密是正义的最大敌人。为促进司法公正、重振司法权威和提高司法公信力,必须得将司法公开落到实处。裁判文书上网公开是落实司法公开的革命性举措。自2014年1月1日起,裁判文书上网公开逐渐成为全国法院的一致性行动,全国法院全覆盖、案件类型全覆盖和办案法官全覆盖在2015年6月底得以实现[7]。为持续深入推进裁判文

---

[7] 罗书臻:《最高法院通报裁判文书上网公开工作》,载《人民法院报》2016年8月31日,第1版。

书的上网公开,最高人民法院于 2013 年 11 月制定《文书上网规定(2013)》并于 2016 年 7 月予以修订(该修订版以下简称《文书上网规定(2016)》)。在互联网公布确认人民调解协议有效的裁定和驳回司法确认申请的裁定,至少有如下好处:(1)有助于为人民调解协议提供统一的质量标准,发挥司法裁判对人民调解协议的评价、引导功能;(2)有助于为人民调解协议的司法审查提供统一的裁判尺度,克服司法确认案件的同案异判问题;(3)有助于为办理司法确认案件起步较晚的法院提供经验支持,消除司法确认程序适用的地区差异;(4)有助于为司法确认程序的实证研究提供充足的素材,提高司法确认程序至今依然不够理想的学术关注度和社会认知度。然而,伴随着裁判文书上网公开之范围与力度的不断加大,确认人民调解协议效力的裁判文书却被列入上网公开的"负面清单"(见表 6-2)。

表 6-2 不上网公开之裁判文书对照表

司法解释文号	法条	不上网公开的裁判文书
法释〔2013〕26 号	《文书上网规定(2013)》第 4 条	涉及国家秘密、个人隐私的;涉及未成年人违法犯罪的;以调解方式结案的;其他不宜在互联网公布的。
法释〔2016〕19 号	《文书上网规定(2016)》第 4 条	涉及国家秘密的;未成年人犯罪的;以调解方式结案或者确认人民调解协议效力的,但为保护国家利益、社会公共利益、他人合法权益确有必要公开的除外;离婚诉讼或者涉及未成年子女抚养、监护的;人民法院认为不宜在互联网公布的其他情形。

其实,不能因为人民调解协议是当事人合意解决纠纷的结果、对其进行司法审查体现法官心证和裁判的过程较少,就将确认人民调解协议效力的裁判文书参照民事调解书不列入上网

公开的范围之内。更何况民事调解书不上网公开的理由不能类推适用于确认人民调解协议效力的裁判文书，一方面是因为《民事诉讼法》第 156 条不区分查阅方式地把民事调解书排除到公众查阅裁判文书权的范围之外，而确认人民调解协议有效和驳回司法确认申请均使用裁定，对这些裁定公众根据《民事诉讼法》第 156 条享有通过网络方式进行查阅的权利，只要它们的内容不涉及国家秘密、商业秘密和个人隐私的内容；另一方面是因为基层人民法院以诉讼调解的方式解决的民事案件所占比例很高，若民事调解书都上网公开，将大大加重基层人民法院和民事审判法官的工作负担，而司法确认案件的数量[8]与诉讼调解结案的案件数量不可同日而语，上网公开确认人民调解协议效力的裁判文书所带来的工作负担微不足道。

不上网公开确认人民调解协议效力的裁判文书，不利于甄别和遏制虚假人民调解，容易使人民调解和司法确认程序成为实现非法目的的合法形式。随着 2015 年 8 月通过的《刑法修正案（九）》对虚假诉讼罪的新增规定以及法院系统对自身防范和制裁虚假诉讼之主体责任的不断加重，不法行为人从法院获取虚假诉讼文书的难度明显增加。人民调解员的证据审核能力和人民调解程序的严格性较弱，人民调解和司法确认均实行免费主义，司法确认程序具有略式性，不少法院办理司法确认案件

---

[8] 2016 年申请司法确认的人民调解协议为 90982 件，占达成调解协议数（8797171 件）的 1.0%，比 2015 年下降了 0.4%。参见司法部基层工作指导司人民调解工作指导处：《2016 年度人民调解工作发展报告》，载《人民调解》2017 年第 6 期，第 23 页。

经验不足，这些因素综合作用以致人民调解和司法确认程序轻易地成为不法行为人的转战之地。笔者从中国裁判文书网查询到的 15 起司法确认案件（见表 6-3）说明在司法确认程序中发现和否定虚假人民调解具有可能性和必要性。在这 15 起案件中，原纠纷均是追索劳动报酬纠纷，义务人一方恒定为金湖县淮胜建筑工程公司，权利人一方均为自然人，调解主体均是金湖县人民调解委员会，人民调解协议确定的给付数额共计 364.52 万元，11 起因基础法律关系之真实性的依据不足而被裁定不予确认，4 起因"申请人不再要求确认，是申请人自己对权利的处分"而被裁定不予确认。综合研读这些裁定，首先可知这 15 起案件涉嫌虚假人民调解的可能极大，若确认案涉人民调解协议有效，金湖县淮胜建筑工程公司的合法债权人将遭受巨大的损失，金湖县人民法院尽到了审查的应尽之责。其次可判断（2015）金民调确字第 00023、00040、00048、00053 号 4 起案件的裁判结果与裁判理由不对应，裁定书载明的裁判理由为"申请人不再要求确认，是申请人自己对权利的处分"，属于"当事人撤回司法确认申请"，根据《民诉法解释》第 359 条第 1 款，法院应裁定准许撤回；考虑到虚假人民调解的嫌疑极大，法院就这 4 起案件裁定不予确认更为妥当，裁判理由可根据《民诉法解释》第 360 条调整为"存在其他不能进行司法确认的情形"。

表 6-3　江苏省金湖县法院审结的 15 起司法确认案件情况统计表

案号	调解协议达成时间	给付金额	裁判理由	裁判作出时间
（2015）金民调确字第 00023 号	2015 年 11 月 20 日	50.3 万元	作为权利人的一方不再要求确认	2015 年 12 月 31 日

（续表）

案号	调解协议达成时间	给付金额	裁判理由	裁判作出时间
(2015)金民调确字第00027号	2015年11月20日	1.5万元	调解协议载明的所欠款项为工资款的依据不足	2015年12月30日
(2015)金民调确字第00028号	2015年12月10日	14万元		
(2015)金民调确字第00029号	2015年11月20日	32.72万元		
(2015)金民调确字第00031号	2015年12月8日	5.12万元		
(2015)金民调确字第00033号	2015年11月20日	30.949万元		
(2015)金民调确字第00035号	2015年12月14日	16.1万元		
(2015)金民调确字第00037号	2015年11月20日	11.369万元		
(2015)金民调确字第00038号	2015年11月20日	22.97万元	调解协议载明的所欠款项为塔吊租金，不能确认为工人工资	
(2015)金民调确字第00039号	2015年11月20日	40.278万元	调解协议载明的所欠款项为工资款的依据不足	
(2015)金民调确字第00040号	2015年11月20日	30.5万元	作为义务人的一方不再要求确认	2015年12月29日
(2015)金民调确字第00048号	2015年11月20日	0.29万元		
(2015)金民调确字第00052号	2015年11月20日	55.514万元	调解协议载明的所欠款项为工资款的依据不足	2015年12月30日
(2015)金民调确字第00053号	2015年11月20日	43.61万元	作为义务人的一方不再要求确认	
(2015)金民调确字第00055号	2015年11月20日	9.3万元	调解协议载明的所欠款项为工资款的依据不足	

不上网公开确认人民调解协议效力的裁判文书，不利于对

驳回司法确认申请的法定情形进行定量的比例分析和具体化的拆解分析，容易对人民调解协议之瑕疵的纠正与预防造成整体性和精准度层面的偏差。《民诉法解释》第360条规定的应驳回司法确认申请的法定情形有六种[9]，由于第六种"其他不能进行司法确认的情形"是兜底设计且确实是因为无法穷尽列举而为之[10]，故《民诉法解释》第360条的开放性就不可避免。前五种情形在个案中的体现千差万别，予以精准识别的难度通常不小。这从对放弃追究刑事责任或禁止再行寻求救济条款的效力判断中可见一斑。湖北荆门市东宝区人民法院在（2015）鄂东宝城民调确字第00010、00014、00017号裁定书中确认人民调解协议中的放弃追究刑事责任条款无效，理由是该条款损害了社会公共利益，如此认定的严谨性和精准度均有不小的欠缺，因为放弃追究刑事责任条款违反了个人不能行使和处分刑事公诉案件之国家追诉权的强制性规定（《刑事诉讼法》第3条）以及人民调解不能剥夺利用其他解纷方式之权利的强制性规定（《人民调解法》第3条）。固然违反法律的强制性规定，有时会导致社会公共利益受损，但由于社会公共利益的具体界定特别

---

[9] 这六种情形依次是：（1）违反法律强制性规定的；（2）损害国家利益、社会公共利益、他人合法权益的；（3）违背公序良俗的；（4）违反自愿原则的；（5）内容不明确的；（6）其他不能进行司法确认的情形。另外，依照《民诉法解释》第357条第2款，法院在受理司法确认申请后，发现有不予受理情形的，也应裁定驳回司法确认申请。

[10] 北京市丰台区人民法院作出的（2014）丰民调确字第08542号裁定书载明，王某与北京丰顺路宝机动车拍卖有限公司于2014年2月12日在北京仲裁委员会调解中心主持下达成调解协议，后双方提出司法确认申请，北京市丰台区人民法院于2014年5月6日以申请确认已超过法定期间为由裁定驳回，"申请确认已超过法定期间"只能被归入《民诉法解释》第360条规定的第六种情形。

困难,若普遍性以损害社会公共利益作为裁判理由,将导致其他法定情形被遮蔽和裁判文书的说理性被削减。2017年湖南法院受理司法确认案件1146件,确认有效1102件(占96.16%)。[11] 2017年全国法院受理司法确认案件19.8万件,确认有效16.3万件(占82.32%)。[12] 由于2017年湖南法院受理的司法确认案件只占全国的0.58%,故其确认有效的极高比例不能成为上网公开驳回确认申请之裁定的阻却理由。只有大批量地上网公开确认人民调解协议效力的裁判文书,才能对哪些情形下确认有效、确认部分无效或确认全部无效进行整体上的把握和一致性的引导。

三、司法确认案件之考核权重的失当化

《司法确认程序规定》第4条要求法院受理司法确认案件后应编立"调确字"案号。最高人民法院2015年5月印发的《案号规定》(自2016年1月1日起施行)及《人民法院案件类型及其代字标准》[13]规定司法确认案件与选民资格案件、宣告失踪或死亡案件、财产代管人申请变更代管案件、行为能力认定案件、监护人指定异议案件、监护关系变更案件、财产无主认定案件、实现担保物权案件、设立海事赔偿责任限制基金案件、

---

[11] 陶琛:《芙蓉国里的"枫桥经验"——湖南法院创新拓展多元解纷机制纪实(上)》,载《人民法院报》2018年11月13日,第1版。

[12] 李少平:《发挥司法职能作用 提升多元解纷水平 打造新时代"枫桥经验"法院升级版》,载《人民法院报》2018年11月9日,第5版。

[13] 此标准和《各级法院代字表》《人民法院案件收、立案信息登记表》是《案号规定》的三个配套标准。

海事债权登记与受偿案件、撤销仲裁裁决案件共同使用"民特"案号。《司法确认程序规定》和《案号规定》及其配套标准先后为司法确认案件设立案号，是为了便于将其纳入案件管理系统和司法统计系统，进而为承办法官的业绩考评提供依据。然而，多年以来，司法确认案件在很多基层人民法院的业绩考评中要么不被考虑，要么所占的权重普遍低于民事一审案件。司法确认案件之考核权重的整体科学性低下，与司法确认案件被误当成鸡零狗碎的小微案件有很大关联。

地价、房价的多年持续上涨和财产形式的已然多元化，使婚姻关系解除后的财产争议与继承纠纷的标的额越来越大、涉及的实体法律关系越来越复杂，进而使人民调解长期主要解决的婚姻家庭纠纷的化解难度远高于法院审理的很多民事一审案件。另外，从2015—2016年全国的统计数据看（见表6-4[14]），人民调解覆盖到的行业性、专业性纠纷（医疗纠纷、道路交通事故纠纷、劳动争议纠纷、物业纠纷、环境污染纠纷、消费纠纷）均在140万件以上，所占比例虽然不高，但绝对数量不可小觑。原纠纷的复杂性、专业性、重要性与日俱增，所产生的传递力使司法确认案件的审理越无可能成为易如反掌的业务板块。

---

〔14〕 数据来源：(1)司法部基层工作指导司人民调解处：《2015年度全国人民调解工作数据统计》，载《人民调解》2016年第4期；(2)司法部基层工作指导司人民调解工作指导处：《2016年度人民调解工作发展报告》，载《人民调解》2017年第6期。

表 6-4　2015—2016 年人民调解组织调解纠纷的类型情况表

纠纷类型	2015 年		2016 年	
	调解纠纷数量（件）	在总数中的占比	调解纠纷数量（件）	在总数中的占比
婚姻家庭纠纷	1834199	19.66%	1751287	19.4%
邻里纠纷	2374706	25.45%	2291352	25.4%
房屋宅基地纠纷	653299	7%	623844	6.9%
合同纠纷	430250	4.61%	407149	4.5%
生产经营纠纷	274846	2.95%	246660	2.7%
损害赔偿纠纷	731207	7.84%	749695	8.3%
山林土地纠纷	510105	5.47%	485603	5.4%
征地拆迁纠纷	219240	2.35%	200346	2.2%
医疗纠纷	71020	0.76%	62611	0.7%
道路交通事故纠纷	740173	7.93%	736542	8.2%
劳动争议纠纷	346499	3.71%	304831	3.4%
物业纠纷	124748	1.34%	59691	1.5%
环境污染纠纷	66304	0.71%	138297	0.7%
消费纠纷	88957	0.95%	99948	1.1%
其他纠纷	865494	9.28%	861194	9.5%

目前我国尚未制定统一适用的案件权重规则设置指导办法，各地法院的尝试遍地开花，尽管可复制、可推广的成果凤毛麟角，但其中北京市第二中级人民法院和上海市高级人民法院的做法值得一提。前者在解析案件共性的流程节点、差异性的实体节点和案由类别后，提出"办案要点"的概念并以此为基础测算工作量[15]；后者以案由和审理程序为基础，以庭审时间、笔录字数、审理天数和法律文书字数四项要素为计算依

---

[15] 刘静、王要勤：《让数据为测算法官员额作答——北京二中院科学量化审判执行工作动态配置审判资源》，载《人民法院报》2014 年 11 月 13 日，第 1 版。

据,通过比较不同类型案件审理中这四项要素与全部案件审理中这四项要素的占比,来确定不同类型案件的适用系数。[16] 与适用普通程序的民事一审案件相比,不可能以实质审查为主的司法确认案件整体上肯定庭审时间更短以及笔录字数、审理天数、法律文书字数更少。此点已成共识,但如何具体地确定司法确认案件的权重,各地法院依然各持己见、分歧难消。在多元化纠纷解决机制建设受重视程度高的法院,司法确认案件的权重普遍不低,但这种现象背后往往存在着"突击出政绩"和"刻意造亮点"的驱动。

业绩考评对法官职级待遇的评定和岗位尊荣感的体验有极大的影响。司法确认案件的权重若被确定得过低,将严重影响承办法官的办案积极性,将严重降低他们发现并把握司法确认案件之审理规律、形成类型化办案思路的主观意愿,他们对司法确认案件的办理很快就会敷衍了事或得过且过,无法有规律地把握审查人民调解协议的力度,对人民调解协议之效力的确认会呈现出很大的随意性,司法确认程序对纠纷在起诉前的分流作用和对人民调解的监督支持功能就会大打折扣。司法确认案件的权重若被确定得过高,固然在一定期间内会较大幅度地提高承办法官的办案积极性,但会使他们居安思危的意识逐渐趋于薄弱,对专业复杂的司法确认案件因缺乏攻坚克难的周全准备而感到力不从心,"轻车熟路,得心应手"因此无法成为办理司法确认案件的共同状态。

---

[16] 卫建萍、谢钧:《上海完成案件权重系数课题并成功应用》,载《人民法院报》2015年5月9日,第1版。

四、司法确认程序之实践误区的理性矫正

(一) 司法确认程序的客体范围应力守法律限定主义

"调解组织所在地"是《民事诉讼法》第 194 条规定的司法确认案件之地域管辖法院的确定标准。立法者在法条中使用"组织"二字,将个人型非诉调解协议排除在司法确认程序的客体范围之外,是考虑到组织化的非诉调解目标更为明确、行为更为可控、规则约束更为有效、效果更为确定,也是考虑到组织化的非诉调解更有可能积沙成塔、持之以恒地追求规模效益,但这不是否定、排斥或歧视个体主持的非诉调解,个体化的非诉调解也不会因此失去存在的必要和空间,其所达成的调解协议只需要进行适当的组织化改造,即可被纳入司法确认程序的客体范围。《人民调解法》第 34 条授权社会团体或其他组织可根据需要参照其设立人民调解委员会,这就为法人和非法人组织设立非诉调解组织提供了法律依据。实践中,部分参照设立的非诉调解组织为突出商事性和新潮性色彩,在名称中多不愿意出现"人民调解委员会"或"人民调解工作室"的字样[17],多用"调解中心"或"调解工作室"的语词予以替代。对于这些非诉调解组织主持达成的民间调解协议,对调解主体

---

[17] 文号为司发通 [2011] 93 号的《关于加强行业性专业性人民调解委员会建设的意见》(司法部于 2011 年 5 月发布)规定,行业性、专业性人民调解委员会的名称由"所在市、县或者乡镇、街道行政区划名称""行业、专业纠纷类型"和"人民调解委员会"三部分依次组成。人民调解委员会在特定场所设立的人民调解工作室的名称由"人民调解委员会名称""派驻单位名称"和"人民调解工作室"三部分依次组成。

的名称中没有出现"人民调解"的字样不必介怀,因为《人民调解法》第 34 条对这些非诉调解组织的设立与人民调解组织一视同仁、不分厚薄,已能够为它们主持达成的民间调解协议被纳入司法确认程序的客体范围提供可能的解释空间。

"人民调解法等法律"是《民事诉讼法》第 194 条规定的司法确认程序启动的规范依据。依法律解释的基本原理,"等法律"中未被列举的在位阶和效力上应与《人民调解法》相当,此条中的"法律"不能被解释为广义上的法律(规范性法律文件),其在法律体系中位于宪法之下、行政法规之上,其制定主体具有特定性。由于截至 2018 年 12 月只有《人民调解法》规定有司法确认程序,故对"等法律"不作宽泛解释常被认定是抱残守缺,这种认定以"法条应迁就或确认实践"为立场,用既成事实来掩盖功利性的目的。2018 年 2 月中共中央办公厅、国务院办公厅印发的《关于加强知识产权审判领域改革创新若干问题的意见》在第五部分载明"积极推进人民法院组织法、专利法、著作权法、有关诉讼法等相关法律的修订工作"。根据 2018 年 3 月 2 日印发的《国务院 2018 年立法工作计划》,载有行政调解协议之司法确认条款的专利法修订草案和著作权法修订草案在 2018 年将被提请全国人大常委会审议。国家治理之最高决策层的积极表态和政府立法之最高主体的优先安排[18],显示这两部修订草案获得通过的时间可乐观期待,届时《人民调解法》在《民事诉讼法》第 194 条规定的"等法律"中

---

[18] 《国务院 2018 年立法工作计划》中关于政府立法项目安排的第一部分具体分为七个子项,第一个子项中"提请审议专利法修订草案"处于最为优先的位置,第三个子项中"提请审议著作权法修订草案"处于最为优先的位置。

就会不再形单影只,司法文件和司法解释肆意扩大司法确认程序之客体范围的设计将会面临更大的合法性危机。

(二)司法确认案件的裁判文书应全面详尽地上网公开

司法确认案件的裁判文书主要包括七种裁定书(见表 6-5),确认人民调解协议效力的裁定只是其中的两种(编号 4、5),恪守"上网公开是原则,不上网公开是例外"之立场的《文书上网规定(2016)》第 4 条只把这两种裁定列入不上网公开的范围,致使司法确认案件之裁判文书上网公开的全面性受到很大的折损。

表 6-5 司法确认案件之主要裁判文书一览表

编号	裁定名称	法条依据
1	不予受理司法确认申请的裁定	《民诉法解释》第 357 条第 1 款
2	准许撤回司法确认申请的裁定	《民诉法解释》第 359 条第 1 款
3	按撤回司法确认申请处理的裁定	《民诉法解释》第 359 条第 2 款
4	确认调解协议有效的裁定	《民事诉讼法》第 195 条
5	驳回司法确认申请的裁定	《民事诉讼法》第 195 条、《民诉法解释》第 357 条第 2 款及第 360 条
6	撤销确认调解协议有效之裁定的裁定	《民诉法解释》第 374 条
7	驳回撤销确认调解协议有效裁定之申请的裁定	《民诉法解释》第 374 条

因为司法确认案件实行一审终审,为给当事人、利害关系人提供必要的后续救济,故《民诉法解释》第 374 条规定当事人对不予受理司法确认申请的裁定、按撤回司法确认申请处理的

裁定、驳回司法确认申请的裁定和确认调解协议有效的裁定享有异议权，并规定利害关系人对确认调解协议有效的裁定享有异议权。2016年7月最高人民法院发布的《民事诉讼文书样式》要求不予受理司法确认申请的裁定、按撤回司法确认申请处理的裁定、驳回司法确认申请的裁定、撤销确认调解协议有效之裁定的裁定和驳回撤销确认调解协议有效裁定之申请的裁定必须载明裁判理由。裁判理由的详尽度决定着裁判文书的说服力与透明度。裁判理由越详尽，裁判文书的说服力就越好、透明度就越高。改变实践中对裁判理由一带而过或做诸如"不符合法律规定"的笼统式表达的做法，才能有利于提高当事人和社会公众对司法确认案件之裁判文书的认可度，才能便于当事人、利害关系人有的放矢地行使异议权。

全面详尽地上网公开司法确认案件的裁判文书，能让承办法官在与他者比较后形成改进的压力与学习的动力，审理司法确认案件的可复制性经验会因此快捷、便利地得以分享，格式统一、要素齐全、结构完整、释法说理充分、繁简得当、逻辑严密、用语准确的裁判文书才会俯拾皆是，发现与遏制利用人民调解和司法确认程序实现非法目的的行为会因此变得不再困难。

（三）司法确认案件之考核权重的确定应采用省域标准

全国范围内的诉讼案件分布并不均衡，法院的审理负担呈现出明显的区域差异。不同法院所面对的纠纷向外分流的压力差别很大，它们对办理司法确认案件的重视程度多不相同。所以，为司法确认案件的考核权重确定统一的全国标准，可行性注定很低、实际价值注定很小，允许采用省域标准方是理性之选。采用省域标准，有助于保持司法确认案件之考核权重的稳定性与权威性,也有助于减少部分法院办理此类案件的短期化行为与功利性举动,进而有助于此类案件的办理迈向常态化、规范化。

在特定省域范围内,若自 2016 年至今使用"民特"案号的 12 种案件已达到统计分析所要求的样本量,鉴于原纠纷多样复杂,以及法院审理司法确认案件的历史不长、积累的经验不够丰富,司法确认案件的权重至少应以 12 种案件之权重的平均值为基数上浮 10%;若参照其他的非诉讼案件,司法确认案件的权重应远低于企业破产案件的权重,但其应在督促程序案件、公示催告程序案件之权重的 3 倍以上;若参照不可批量处理的小额诉讼案件,司法确认案件的权重应略高一些。

第七章
司法确认程序的显著优势与未来前景

作为我国非讼程序中的新生事物,司法确认程序在全国范围内的运行时间并非很长,对其比较优势的阐释仍然需要增强说服力,对其未来前景的预判往往缺少网络信息技术发展和纠纷解决一体化的视角。如此的状况对司法确认程序的规则供给和实践运行均产生了不利的影响,致使司法确认程序的知名度难以规模性、快捷性地转化为美誉度。故有必要对司法确认程序的显著优势与未来前景进行研讨,以助力相关改进的发生。

一、司法确认程序的显著优势

有学者指出:"由于每一种纠纷解决方式皆有自己的不足,希望通过任何一种方式解决所有纠纷的想法都是虚幻的。"〔1〕程序和纠纷解决方式一样，也是长处和短板并存，只有长处而没有短板的程序只可能存在于假设之中，能有效解决所有纠纷的程序只可能出现在空想之中。一种程序的适用若长期处于无人问津或门可罗雀的境地，势必会根本性地削弱其存续的价值以及促进其发展的必要性。作为程序利用者的当事人的满意度与程序的美誉度、后续适用率之间存在正比例关系。换而言之，当事人基于自身利用程序的经历给出的评价越高，程序的美誉度就越好，程序后续适用的状况就会越理想。当前使非诉调解协议获得强制执行力的程序机制包括司法确认程序、赋强公证程序和督促程序三种。整体来看，在成本和便利两个维度，司法确认程序具有赋强公证程序、督促程序所无法匹敌的优势，有利于对纠纷主体产生强大且持久的吸引力。

（一）无偿利用的成本优势

为体现便民原则，《司法确认程序规定》第 11 条规定法院办理司法确认案件不收取费用，司法确认程序的启动者不承担当事人支付意义上的公共成本〔2〕。早在 2007 年 4 月即开始施行的《诉讼费用交纳办法》不可能提前多年涉及司法确认案件，故司法确认案件应否交纳案件受理费应由《司法确认程序规定》

---

〔1〕 郝振江：《论我国法院调解与审判的程序分离》，载《暨南学报》2017 年第 9 期，第 31 页。

〔2〕 有学者认为，民事司法成本包括司法预算意义上的法院运营成本、当事人支付意义上的公共成本和私人成本以及国家与社会基于分担司法成本而支付的司法救助成本和法律援助成本。具体可见王福华：《论民事司法成本的分担》，载《中国社会科学》2016 年第 2 期，第 93 页。

自行设计。2012年修改后的《民事诉讼法》在"特别程序"章专节规定司法确认案件，使司法确认案件实行的免费主义自此获得《诉讼费用交纳办法》的支撑，因为该行政法规第8条规定"依照民事诉讼法规定的特别程序审理的案件不交纳案件受理费"。特别程序案件不收费的规则虽然在2015年被《民诉法解释》第204条（规定实现担保物权案件须交纳申请费）打开缺口，但司法确认案件所实行的免费主义则岿然不动。

从比较法的角度看，赋强公证程序是大陆法系国家公证制度的重要内容，具有辅助司法的明显特征。根据最高人民法院、司法部2000年9月下发的《关于公证机关赋予强制执行效力的债权文书执行有关问题的联合通知》第2条，公证机关赋予强制执行力的债权文书包括：（1）借款合同、借用合同、无财产担保的租赁合同；（2）赊欠货物的债权文书；（3）各种借据、欠单；（4）还款（物）协议；（5）以给付赡养费、扶养费、抚育费、学费、赔（补）偿金为内容的协议；（6）符合赋予强制执行效力条件的其他债权文书。该条尽管使用了具体列举和兜底规定相结合的设计技术，但对可赋予强制执行力之公证债权文书的范围采取的却是趋于严格的限定主义，对非诉调解协议的进入表达出拒绝的立场。自2006年3月1日起施行的《公证法》第37条只是要求可赋予强制执行力的公证债权文书须具备"以给付为内容"的要件，但对其范围未做具体的设计，采取的是趋于宽松的开放主义，在文本上为非诉调解协议的进入预留了可能的空间。然而，这种文本层面的可能并没有很快地被匹配上具体且明确的条文。在《诉非衔接意见》于2009年7月发布前，非诉调解协议长期未被纳入赋强公证程序的适用范围。通过公证程序赋予具有给付内容的非诉调解协议以强制执行力，是《诉非衔接意见》第 12 条的首创，后为 2016 年发布的《深化多元改革意见》第 11 条所承继。依《公证法》第 34 条和第 46 条，当事人应支付公证费，收取公证费实行省域标准。公证费的收取方式主要有计件收费、按标的额比例收费（一般适用于涉及财产关系的公证服务）、计时收费三种。由于可赋强公证的非诉调解协议须具有给付货币、物品、有价证券的内容，故相关的公证费通常会按标的额比例收取，具体做法主要有按固定比例统一收取[3]和按比例分段累计收取[4]两种。

《诉非衔接意见》第 13 条第 1 款和《深化多元改革意见》第 32 条均规定债权人就具有给付金钱或有价证券内容的非诉调解协议可申请支付令，以使非诉调解协议获得强制执行力。依《诉讼费用交纳办法》第 10 条和第 14 条，申请支付令的，应当交纳申请费，申请费为财产案件受理费标准（见表 7-1）的三分之一。与司法确认程序、赋强公证程序必须依共同提出的申请方可适用不同，督促程序仅须依债权人的单方申请即可适用，故督促程序对债务人的程序保障更为充分，允许债务人在法定期间内针对支付令提出异议且不允许法院对异议进行实质审查，督促程序的终结并不完全受制于作为程序启动者的债权

---

[3] 如文号为沪价费〔2017〕16 号的《上海市实行政府定价的公证服务项目目录和收费标准》（自 2017 年 10 月 23 日起执行）规定赋强公证费按债务总额的 0.3% 收取。

[4] 文号为鲁价费发〔2017〕68 号的《山东省公证服务收费标准》（自 2017 年 9 月 1 日起执行，有效期至 2022 年 8 月 31 日）规定赋强公证费执行如下收取标准：标的额不高于 50 万元以下的部分，按 0.3% 收取，不足 300 元的，按 300 元收取；50 万元至 500 万元（含）的部分，按 0.15% 收取；500 万元至 2000 万元（含）的部分，按 0.1% 收取；2000 万元以上部分，按 0.05% 收取。

人。简而言之，债权人在交纳申请费后无法拿到支付令的可能较大。

当事人支付能力的强弱状况极大影响着其对利用程序之成本的敏感度与在意度。通常而言，当事人的支付能力越弱，其对利用程序之成本的敏感度与在意度必定就越高；当事人的支付能力越强，虽然其对利用程序之成本的敏感度与在意度会弱化，但不会轻易消失，尤其是在利用程序之成本存在有无的明显差别时。所以，在其他影响因素大致不变的情况下，不管赋强公证程序和督促程序的利用成本在有偿的范围内如何调整，实行免费主义的司法确认程序对意图使非诉调解协议获得强制执行力的主体无疑会具有更大的吸引力。

表 7-1　财产案件受理费交纳标准表（《诉讼费用交纳办法》第 13 条）

分段	不超过1万元	超过1万元至10万元的部分	超过10万元至20万元的部分	超过20万元至50万元的部分	超过50万元至100万元的部分	超过100万元至200万元的部分	超过200万元至500万元的部分	超过500万元至1000万元的部分	超过1000万元至2000万元的部分	超过2000万元的部分
交纳标准	50元	2.5%	2%	1.5%	1%	0.9%	0.8%	0.7%	0.6%	0.5%

（二）面向基层的便利优势

依《民事诉讼法》第 194 条，司法确认案件由调解组织所在地基层人民法院管辖。《民诉法解释》第 353 条借鉴吸收《司法确认程序》第 2 条第 1 款[5]的合理之处，规定司法确认案件由调解组织所在地基层人民法院或人民法庭管辖，考虑到人民法

---

[5]《司法确认程序规定》第 2 条第 1 款规定："当事人申请确认调解协议的，由主持调解的人民调解委员会所在地基层人民法院或者它派出的法庭管辖。"

庭是基层人民法院的派出机构和组成部分、不具有独立的主体资格，可判断《民诉法解释》第 353 条的具体化规定没有突破《民事诉讼法》第 194 条的规则框架。就立案前委派调解协议申请司法确认的，2011 年 3 月公布的《司法确认程序规定》第 2 条第 2 款遵循"谁委派，谁负责确认"的思路，规定由委派的人民法院管辖且未限定管辖法院的级别只能是基层人民法院；而 2016 年 6 月公布的《特邀调解规定》第 19 条则规定由调解组织所在地或委派调解的基层人民法院管辖且将管辖法院的级别限定为基层人民法院，这一规定不再遵循"谁委派，谁负责确认"的思路。依《特邀调解规定》第 19 条，当委派法院不是基层人民法院时，司法确认案件由接受委派的调解组织所在地基层人民法院管辖，这和《民事诉讼法》第 194 条关于司法确认案件之级别管辖的规定保持一致；当委派法院是基层人民法院且其所在地与接受委派的调解组织所在地不一致时（如委派法院在 A 区，调解组织在 B 区），将出现选择管辖，此时若由委派法院管辖司法确认案件，即构成对《民事诉讼法》第 194 条关于司法确认案件之地域管辖规定的违反，鉴于这种扩大解释"便于当事人就近提出司法确认申请或给当事人提供更多选项"之目的的善意性，故对其可给予同情式理解和一定程度的容忍。

截至 2011 年 6 月，全国共有 3115 个基层法院，下设 9880 个人民法庭[6]；截至 2016 年 12 月，全国共有 3177 个基层法院[7]；截至 2018 年 2 月，全国共有 3525 个法院、10759 个人

---

[6]《王胜俊作关于加强人民法院基层建设工作报告》，载《人民法院报》2011 年 10 月 26 日，第 1 版。

[7] 参见张房耿、王念：《以司法改革破解案多人少难题》，载《中山日报》2017 年 1 月 11 日，第 12 版。

民法庭[8]。依《公证法》第 7 条，公证机构不按行政区划层层设立，其可在县、不设区的市、市辖区以及设区的市、直辖市设立，在设区的市、直辖市可设立一个或若干个公证机构。2017 年 2 月召开的中国公证协会第八次代表大会透露，我国已有公证机构 3000 余家，执业公证员 1.3 万多人[9]。依 2018 年 3 月司法部公布的政府信息，截至 2017 年底，我国共有公证机构 2942 家（事业体制的有 2850 家，占 96.9%；合作制的有 41 家，占 1.4%；其他体制的有 51 家，占 1.7%）、公证员 13218 人。2017 年全国公证机构共办理各类公证事项 1450 万多件，其中出具赋强公证债权文书 1116347 件，法院受理公证债权文书执行案件 40951 件[10]。尽管全国公证机构的个数没有明显少于基层人民法院的个数、跨区域公证业务也已经放开，但上万个人民法庭的点式分布及其设置合理性的不断提高使司法确认程序能够更为便利地为当事人所利用。

依《民事诉讼法》第 214 条和《民诉法解释》第 23 条，债权人申请支付令的，由债务人住所地基层人民法院管辖，债务人为自然人且其住所地与经常居住地不一致的，由其经常居住地基层人民法院管辖。可见，督促程序案件的管辖单一地实行"权利人就义务人"的立场，债权人会因跨出县域利用督促程序而面临或多或少的不便，甚至会因异地利用督促程序而遭遇

---

[8] 本报编辑部：《汇聚起法治中国建设的磅礴力量——五年来人民法院工作的新发展》，载《人民法院报》2018 年 3 月 9 日，第 2 版。

[9] 参见李万祥：《我国公证事业步入发展新时期》，载《经济日报》2017 年 2 月 24 日，第 11 版。

[10] 龙飞、赵毅宇：《赋强公证制度在多元化纠纷解决机制中的功能定位》，载《人民法院报》2018 年 6 月 6 日，第 5 版。

诉讼"主客场"的问题。而非诉调解多没有严格的地域管辖规则，不严格实行"权利人就义务人"，义务人所在地与调解组织所在地、委派法院所在地分离的可能性很大，进而能使当事人便利地利用司法确认程序并减少在客场遇到不公的担心。

二、司法确认程序的未来前景

当前网络信息技术突飞猛进，所带来的变化与影响普遍而且深刻，任何人都无法对其视而不见、置之不理，面对、调整、适应成为或主动或被动的做法。在此背景下，作为我国解纷机制中的新生事物，司法确认程序极有可能因为路径依赖与过往羁绊很少，而快速实现线上运行与线下运行的相得益彰，并在纠纷解决一体化格局中大放异彩，其未来前景可乐观期待。

（一）司法确认程序运行的在线化

2016年2月最高人民法院通过的《人民法院信息化建设五年发展规划（2016—2020）》提出要在2017年底总体建成人民法院信息化3.0版，2020年底实现人民法院信息化3.0版在全国的深化完善。[11] 截至2018年3月初，人民法院信息化3.0版的主体框架已经确立，智慧法院形态初步形成。[12]

设立互联网法院用网络方式解决以金额小、数量多、跨时

---

[11] 宁杰：《加强法院信息化建设规划 全面提升信息化水平》，载《人民法院报》2016年2月24日，第1版。

[12] 本报编辑部：《汇聚起法治中国建设的磅礴力量——五年来人民法院工作的新发展》，载《人民法院报》2018年3月9日，第2版。

空为主要特点的涉网纠纷，实现起诉、立案、送达、举证、开庭、裁判、执行的全流程在线，是加快建设智慧法院的先锋举措。2017年6月26日中央全面深化改革领导小组（2018年3月改称中央全面深化改革委员会）审议通过《关于设立杭州互联网法院的方案》，2017年8月8日最高人民法院印发这一方案，明确依托杭州铁路运输法院设立全国首家互联网法院，明确由杭州互联网法院[13]集中管辖杭州市辖区内基层人民法院有管辖权的下列涉网一审案件：（1）互联网购物、服务、小额金融借款等合同纠纷；（2）互联网著作权权属、侵权纠纷；（3）利用互联网侵害他人人格权纠纷；（4）互联网购物产品责任侵权纠纷；（5）互联网域名纠纷；（6）因互联网行政管理引发的行政纠纷；（7）上级人民法院指定管辖的其他涉互联网民事、行政案件。[14] 2017年8月18日杭州互联网法院挂牌运行，标志着我国涉网案件的集中管辖、专业审判开启新篇章，"在线纠纷在线解决"成为互联网法院的基本思路。2018年7月6日中央全面深化改革委员会审议通过《关于增设北京互联

---

[13] 浙江省法院系统对电子商务网上法庭的探索为杭州互联网法院的设立提供了经验基础。2015年4月浙江省高级人民法院确定杭州的西湖区人民法院、滨江区人民法院、余杭区人民法院和杭州市中级人民法院试点探索"互联网＋审判"模式，审理网络支付纠纷、网络著作权纠纷、网络交易纠纷及其上诉案件，实现"网上案件网上审，网上纠纷不落地"和诉讼全部环节的在线完成。鉴于试点电子商务网上法庭的可喜成绩，2016年8月浙江省高级人民法院首次提出设立互联网法院的设想，次月试点设立互联网法院的申请被上报至中央改革办和最高人民法院（具体可参见乔文心、余建华：《涉网纠纷化解迈入新时代——杭州互联网法院诞生记》，载《人民法院报》2017年8月19日，第7版）。

[14] 乔文心、余建华：《涉网纠纷化解迈入新时代——杭州互联网法院诞生记》，载《人民法院报》2017年8月19日，第7版。

网法院、广州互联网法院的方案》。2018年9月9日北京互联网法院成立,其集中管辖北京市辖区内应当由基层人民法院受理的第一审特定类型互联网案件。2018年9月28日广州互联网法院成立,其集中管辖广州市辖区内应当由基层人民法院受理的第一审特定类型互联网案件。自2018年9月7日起施行的最高人民法院《关于互联网法院审理案件若干问题的规定》第2条将互联网法院管辖的案件范围特定化、具体化,北京、广州、杭州互联网法院集中管辖所在市的辖区内应当由基层人民法院受理的下列第一审案件:(1)通过电子商务平台签订或者履行网络购物合同而产生的纠纷;(2)签订、履行行为均在互联网上完成的网络服务合同纠纷;(3)签订、履行行为均在互联网上完成的金融借款合同纠纷、小额借款合同纠纷;(4)在互联网上首次发表作品的著作权或者邻接权权属纠纷;(5)在互联网上侵害在线发表或者传播作品的著作权或者邻接权而产生的纠纷;(6)互联网域名权属、侵权及合同纠纷;(7)在互联网上侵害他人人身权、财产权等民事权益而产生的纠纷;(8)通过电子商务平台购买的产品,因存在产品缺陷,侵害他人人身、财产权益而产生的产品责任纠纷;(9)检察机关提起的互联网公益诉讼案件;(10)因行政机关作出互联网信息服务管理、互联网商品交易及有关服务管理等行政行为而产生的行政纠纷;(11)上级人民法院指定管辖的其他互联网民事、行政案件。完善司法确认程序并实现该程序的在线运行,是互联网法院改革创新的重要内容。

实现司法确认程序的在线化是智慧法院建设和互联网法院良好发展的重要任务之一,也是司法确认程序做到线下和线上有机配合以满足当事人差异化需求的必要举措,有利于在司法确认程序中体现民事诉讼对网络信息技术之发展的因应。司法确认程序的在线化可让当事人及其代理人在线提交申请材料，可让法院通过视听传输技术向当事人询问核实有关情况、补充陈述或补充证明材料以及在线制作裁判文书并向当事人在线送达。这样一方面能够节省当事人及其代理人前往法院所要耗费的交通费、食宿费等经济成本和时间成本，尽量让当事人以零在途时间和零差旅费用的方式完成诉讼；另一方面能够让法院提高诉讼效率和节省办案资源，进而能使司法确认程序的优势从"又快又好"升级为"更快更好"。

非诉调解组织与法院的物理距离、司法确认申请提出与非诉调解协议达成间隔的时间长短对当事人申请司法确认之合意的达成与维持都会有一定的影响。一般而言，非诉调解组织与法院的物理距离越远，或提出司法确认申请与非诉调解协议达成间隔的时间越长，当事人申请司法确认之合意达成与维持的难度就越大。近年来，全国法院大力推进集指导分流室、人民调解室、法官工作室、司法确认室"四室"功能于一体的诉调对接中心建设，并列设置诉调对接中心与诉讼服务中心。截至2017年底，全国法院设置诉调对接中心3320个，有专门工作人员15432名，建立特邀调解组织22194个，有特邀调解员78153名。[15] 诉调对接中心的设置固然可以使部分非诉调解组织与法院变为零距离并极大缩短达成非诉调解协议到提出司法确认申请的时间间隔，但特邀调解组织在非诉调解组织总数中微不足道的占比显示诉调对接中心的设置对司法确认案件数

---

[15] 革言：《以改革之策务为民之实 以制度之变夯公正之基——党的十八大以来人民法院司法体制改革纪实》，载《人民法院报》2018年3月16日，第3版。

量的增加难以产生规模性的影响。司法确认程序的在线化会使所有非诉调解组织与法院在现实世界中或远或近的物理距离一律变为网络虚拟世界中的零距离,也会使提出司法确认申请在达成非诉调解协议后实现即时化,从而促进司法确认程序之适用比例和"非诉调解+司法确认"解纷模式之整体效率的大幅度提高,并且很可能会以强大的反向推动力加快非诉调解的在线运行。

值得指出的是,司法确认程序的在线运行并不能必然地带来非诉调解成功率的提高。关于"司法确认程序的在线运行能明显地拉高非诉调解成功率"的判断,显然是错误地认定了司法确认程序的在线运行与非诉调解成功率之间存在因果关系,如不及时地加以矫正,很容易引发对调解率的刻意追求。而"如果刻意追求调解率,必将破坏社会对制度的功能期待,超过制度功能的最大承载限度,与之相随的'副产品'接踵而至"[16],届时非诉调解协议自动履行率不理想与合意解决纠纷之诚信无法延续的原因很容易被归在司法确认程序在线运行的身上。其实,非诉调解的成功率实质性地取决于纠纷能否满足于适调性标准。在非诉调解司法化难以遏制的语境下,非诉调解所采取的标准很大程度上会受到诉讼调解之标准的强势引导或有力印证。由于第一审普通程序在《民事诉讼法》"审判程序"编居于程序通则的地位,具有内容完整性和适用广泛性的基本特征,故其所在的第十二章(第 119—156 条)的有关规定(见表 7-2)能够清晰地反映出法典对诉讼调解之标准的差异化态度:(1)针对起诉后受理前的诉讼调解,法典设定的标准为

---

[16] 钱大军、刘明奎:《论司法调解制度的功能超负》,载《学术交流》2017 年第 2 期,第 93 页。

"适宜调解";(2)针对受理后开庭前的诉讼调解和法庭辩论终结后判决前的诉讼调解,法典设定的标准分别为"可以调解"和"能够调解",鉴于"可以"和"能够"均具有"可能"的相同释义,故这两个标准可统称为可调性标准。从纠纷解决的理性和日常经验来看,适调性标准比可调性标准更为务实、更为正当。另外,《民事诉讼法》第 122 条于 2012 年修法时被立法者专门增加规定的实情足以说明可调性标准的确存在需要改造的必要。鉴于此,非诉调解可不必介意诉讼调解之可调性标准的影响,而可直接准用诉讼调解之适调性标准,从而在化解纠纷方面做到量力而行、尽力而为,在成功率方面不妄自尊大,也不妄自菲薄。

表 7-2 《民事诉讼法》第十二章有关诉讼调解之标准的条文一览表

法条	第 122 条	第 133 条	第 142 条
具体内容	当事人起诉到人民法院的民事纠纷,适宜调解的,先行调解,但当事人拒绝调解的除外。	人民法院对受理的案件,开庭前可以调解的,采取调解方式及时解决纠纷。	法庭辩论终结,应当依法作出判决。判决前能够调解的,还可以进行调解,调解不成的,应当及时判决。

(二)司法确认程序角色的非独角化

每种解纷方式都有长处和不足,扬长补短、形成合力、避免单打独斗早已成为共识,但共识变为行动并取得实效需要平台作为支撑。"一站式"解纷平台可让当事人在纠纷发生后迅速找到妥当的解决方式,减少他们因感到投诉无门、救济无路而产生的负面情绪,能把他们因发生纠纷而产生的不满快捷地纳入到程序消解的进程中。"一站式"解纷平台的建立和运行,需要所涉多种权力资源的配合与协调，需要人财物资源充足且持续的投入，属于国家治理中的大事。集中力量办大事是我国最大的制度优势。随着对这一最大制度优势之认识的不断加深和由衷认可，各种解纷资源背后的权力主体对建立与运行"一站式"解纷平台的态度就会由漠不关心、消极应付变为满腔热忱、积极参与，"一站式"解纷平台在解决纠纷方面效果更好、周期更短、成本更低的长处就会得到更为广泛的认知与肯定。《深化多元改革意见》第14条提出要在道路交通、劳动争议、医疗卫生、物业管理、消费者权益保护、土地承包、环境保护以及其他纠纷多发领域推进建立"一站式"解纷平台。"一站式"解纷平台横向有助于消除各部门之解纷资源与信息的梗阻，纵向有助于无缝粘合纠纷解决的各个环节。循序渐进和避免"先一哄而上，后一哄而散"是推进建立"一站式"解纷平台应严格恪守的立场。随着大数据技术的运用，多发纠纷的类型化分析变得不再困难，对多发纠纷之成因、争议焦点、解决技术的概括与把握变得简便可行，"相同情况予以相同对待，相似情况予以相似对待"在多发纠纷的解决中成为共识性的刚性约束。于是，满足多发纠纷之批量化、集约化、快速化解决的旺盛需求具备了可能性，针对多发纠纷构建"一站式"解纷平台的成本收益率具备了可期待性。

目前看来，道路交通领域成为建立"一站式"解纷平台的先行领域并进展顺利。2016年11月4日最高人民法院和当时的中国保险监督管理委员会联合下发文号为法［2016］374号的《关于全面推进保险纠纷诉讼与调解对接机制建设的意见》，即已提出在交通事故纠纷处理领域开展地区[17]的法院和保险纠纷调解组织应积极推动引导建立"一站式"纠纷解决模式。2017年10月27日最高人民法院、公安部、司法部、中国保险监督管理委员会(2018年3月改称中国银行保险监督管理委员会)联合下发通知[18],决定在北京、河北、吉林、上海、江苏、浙江、安徽、山东、河南、湖北、广东、海南、四川、重庆14个省市开展为期两年的涉保险的道路交通事故损害赔偿纠纷"网上数据一体化处理"改革试点,探索在线非诉调解、在线鉴定、在线司法确认、在线诉讼、使用统一的在线理赔器[19]、在线一键理赔。2018年9月最高人民法院、公安部、司法部、中国银行保险监督管理委员会联合下发《道路交通事故损害赔偿纠纷"网上数据一体化处理"工作规范》(共45条,自2018年10月1日起施行),共同推进道路交通事故损害赔

---

[17] 依2012年12月18日最高人民法院和当时的中国保险监督管理委员会联合下发的文号为法〔2012〕307号的《关于在全国部分地区开展建立保险纠纷诉讼与调解对接机制试点工作的通知》,试点地区包括北京市、太原市、呼和浩特市、沈阳市、大连市、长春市、哈尔滨市、大庆市、上海市、杭州市、宁波市、合肥市、福州市、厦门市、济南市、青岛市、许昌市、长沙市、深圳市、佛山市、南宁市、海口市、重庆市、成都市、昆明市、西安市、兰州市、西宁市、银川市、乌鲁木齐市和江苏省、江西省。依法〔2016〕374号司法文件,开展地区除前期试点地区外,扩展至所有直辖市和省会(自治区首府)城市。

[18] 该通知的文号为法〔2017〕316号,名称为《关于在全国部分地区开展道路交通事故损害赔偿纠纷"网上数据一体化处理"改革试点工作的通知》,共三部分21条。

[19] 在线理赔器以法院的裁判标准为基础制作,可统一赔偿标准和固化理赔预期。

偿纠纷（本章以下简称道交纠纷）网上一体化处理。[20]在道交纠纷网上一体化处理平台中，司法确认程序成为联结权利确认与自动履行的关键载体，法院可提前介入到非诉调解协议的制作过程中发挥指导和建议的作用，促进非诉调解协议迈向模板化、合法化，帮助非诉调解组织增加"防错于未然"、减少"纠错于既然"，实质性确保涉保险的道交纠纷能以零在途时间、零差旅费用支出的方式得以解决。2016年全国法院审结673.8万件一审民事案件，其中位居第三位的道交纠纷达92.2万件，2017年道交纠纷受理数可破百万大关。[21]可以预计，"网上数据一体化处理"改革试点进展越好，道路交通领域的司法确认案件数量就会越多，司法确认程序适用不够理想的状况就会首先在道路交通领域得到改善。

"大河有水小河满，大河无水小河干。"司法确认程序欲发挥对解决纠纷的规模性作用，不能在"一站式"解纷平台之外唱独角戏，也不能期待在"一站式"解纷平台中担任唯一主角，当然亦无须担心在融入"一站式"解纷平台后会沦为配角或路人。

在彩石山庄项目案[22]和北京某公司物业管理中心、北京某企业管理有限公司申请确认人民调解协议效力案（北京动物

---

[20] 乔文心：《共同推进道交事故损害赔偿纠纷网上一体化处理》，载《人民法院报》2018年9月20日，第1版。

[21] 罗书臻：《最高法等四部门通报道交纠纷"网上数据一体化处理"改革试点工作》，载《人民法院报》2017年11月29日，第1版。

[22] 具体信息可见本书第八章。

园批发市场疏解工程中最为圆满高效的成功案例)[23]中,司法确认程序表现抢眼、作用不凡,足以说明具有多维功能的司法确认程序不是徒有其表,其在群体性纠纷的化解中也可以大有作为。自2010年司法确认程序进入《人民调解法》后,2011年《司法确认程序规定》以专项司法解释的形式为其供给了13个条文,2012年修改后的《民事诉讼法》以程序基本法的形式为其供给了两个条文,2015年《民诉法解释》以综合司法解释的形式为其供给了10个条文;《特邀调解规定》《深化多元改革意见》、2017年9月发布的最高人民法院、司法部《关于开展律师调解试点工作的意见》以及2018年11月13日发布的最高人民法院、中国证券监督管理委员会《关于全面推进证券期货纠纷多元化解机制建设的意见》等有关多元化纠纷解决机制的司法文件、司法解释以及2017年12月中共中央办公厅、国务院办公厅印发的《生态环境损害赔偿制度改革方案》等政策性文件也陆续对司法确认程序的规则体系作出了增补性贡献。但从完备性和精细化的角度来看,司法确认程序的有关规则仍存在不小的改进空间,仍需要学理层面的大力支持。司法确认程序是

---

[23] 该案是最高人民法院2017年4月18日发布的10起人民法院为京津冀协同发展提供司法服务和保障参考性案例之一。该案涉及复杂的租赁关系,转租关系中的实际承租人众多,案情复杂,一旦进入诉讼程序,短期内无法审结,将严重影响北京动物园批发市场的疏解的进程。北京市西城区人民法院与北京市西城人民调解委员会协作,在后者的主持下,双方当事人在短时间内就诸多问题达成一揽子的调解协议,并很快经法院确认,整个处理周期不到20天。该案司法确认裁定的自动履行有力带动了所在区域内近3万平方米租赁房屋的腾退。基本案情可参见《最高人民法院公布的10起人民法院为京津冀协同发展提供司法服务和保障参考性案例》,载《人民法院报》2017年4月22日,第3版。

我国司法制度和纠纷解决机制对世界的独特贡献。从功能的相似性和内容的相近性来看，在域外无法找到可与其进行比较研究的对象。在倡导制度自信的现实语境下，对其显著优势和未来前景进行系统化分析，不是盲目的自我陶醉，更不是情绪化地自以为是，只是为了助力相关改进更好更快地发生。

第八章
彩石山庄项目案中的司法确认程序

2016年的《最高人民法院工作报告》第二部分"坚持服务大局,更好地适应和服务经济发展新常态"载明:"妥善处理涉众型房地产纠纷,山东省济南市法院依法审慎处置'彩石山庄项目案',维护了2000多名购房户的合法权益,有效盘活了资产。"彩石山庄项目案之所以能够在全国创下"三个之最"(涉及人数最多、争议额最大、司法处置时间最短)[1],一定程度上是因为法院开创性地运用了人民调解和司法确认程序。根据已公开且不涉密的资料,准确地阐明在彩石山庄项目案中司法确认程序缘何被选中、其所发挥的作用以及司法确认裁定何以迅速执行,有利于客观地评价司法

---

[1] 参见邝文:《为成功处置彩石山庄案叫好》,载《人民法院报》2015年3月25日,第2版。

确认程序在纠纷解决机制中的地位和促进对司法确认程序的依法适用。

一、彩石山庄项目的困局由来

位于济南市历城区彩石街道办事处（2016年9月称彩石镇）的彩石山庄项目是山东三联集团有限责任公司（本章以下简称三联集团）继阳光舜城项目（8.71平方公里）、凤凰城项目（13平方公里）、田横岛项目（36平方公里，位于青岛即墨区）后开发的房地产项目。该项目当年曾获"中国人居环境金牌建设试点项目"，占地约2400亩，建筑面积共计180万平方米，规划建设高档景观洋房、双拼别墅、联排别墅等，分B1（被命名为水晶花园）、B2（被命名为尚华居、绿松苑）、B3（被命名为白领公寓）三个区域。自2006年6月起，在未取得商品房预售许可证的情况下，三联集团通过先内部认购、后社会认购的方式销售B1、B3区域房屋1753套（总面积23万平方米，预收权益保证金6亿元），销售具备预售条件的B2西区房屋403套（总面积9.6万平方米，预售房款约3亿元）。齐鲁银行、工商银行等多家银行主动为彩石山庄项目提供按揭贷款。与购房者签订合同的有三联集团、山东三联城市建设有限责任公司（本章以下简称三联城建公司）、山东三联房地产经纪有限公司（本章以下简称三联经纪公司）等多家公司，而土地使用权在三联集团名下。

在约定的交房时间2008年10月31日之前，三联集团于2008年9月主动向施工单位（包括济南长兴建设集团有限公司）发出暂停施工的通知。因欠交建筑工程安全保护文明施工措施费 885 万元，彩石山庄项目于 2008 年 11 月 24 日被主管部门责令局部暂停施工。[2] 停工前，B1 和 B3 区域尚未动工，B2 区域仅西区建设完工 2.2 万平方米、建筑主体封顶 2 万平方米、建筑主体施工 5.6 万平方米，完工面积不足规划建筑总面积的 8%。[3] 停工使彩石山庄项目由此成为济南最大烂尾楼，购房者的维权型上访此起彼伏，"业主们拉条幅，大规模'散步'的照片随处可见"[4]，"三联集团大楼前、省政府南门口、济南市委市政府西大门，隔三岔五就围满购房者"[5]，先后出现"进京上访、围堵道路，甚至包围济南市委、山东省委和中央巡视组驻地"[6]。来自山东省财政厅、山东省高级人民法院、山东省人口和计划生育委员会（后与山东省卫生厅合并组建成山东省卫生和计划生育委员会）、山东大学齐鲁医院、济南钢铁集团、三联集团等单位的购房者形成强大的维权实力，使彩石山庄项目案在 2014 年启动司法程序前"死而不僵"。[7]

过往名声很大的三联集团资金链断裂是造成彩石山庄项目

---

[2] 参见柴刚：《挪用 9 亿元购房款 三联集团造济南最大烂尾楼》，载《中国经营报》2013 年 7 月 29 日，第 A11 版。

[3] 参见李继远：《山东三联集团项目烂尾六年》，载《华夏时报》2013 年 7 月 29 日，第 026 版。

[4] 李阳：《济南最大烂尾楼之困》，载《中国房地产报》2013 年 8 月 12 日，第 A04 版。

[5] 徐锦庚、刘成友、卞民德：《济南最大烂尾楼是如何收尾的》，载《人民日报》2015 年 3 月 25 日，第 016 版。

[6] 李文广、闫继勇、纪小槌：《运用法治思维方式化解纠纷的生动实践——山东省济南中院司法处置彩石山庄项目案件纪实》，载《人民法院报》2015 年 3 月 23 日，第 1 版。

[7] 参见《千亩大盘的烂掉》，载《财经国家周刊》2014 年第 20 期。

烂尾的直接原因。三联集团曾是山东省政府重点扶持的特大型企业集团和流通业的国家标准受托制定者，商业销售曾连续十年排名全国首位，其于1998年进军房地产行业。但在受挫于凤凰城项目（2003年5月被官方撤销）、2004年被列入慎贷名单后，已遭受重创的三联集团几乎动用了所有的可用资金来启动彩石山庄项目，期待能借此绝地反击。而三联集团所持有的上市公司三联商社13.7％的控股权于2008年初被法院拍卖，失去融资平台的三联集团之刚刚续上的资金链条再次断裂。[8]住房城乡建设部办公厅《关于印送济南市彩石山庄有关问题调查报告的函》载明，三联集团先后将9亿元购房款中的6.66亿元用于归还银行贷款及利息，0.77亿元用于归还关联企业借款，用于支付项目建设费用和配套资金的仅有1.6亿元。

三联集团挪用彩石山庄项目的购房款与济南市建设委员会（后改名为济南市城乡建设委员会，本章以下简称济南市建委）的监管严重失职也有很大关联。2005年济南市建委下发文号为济建开字［2005］30号、自当年10月26日起执行的《济南市商品房预售款监管实施细则》，规定引入担保公司（注册资本不得少于5000万元）和商业银行对商品房预收款实行监管，政府管理部门负责审查担保公司的资格、不再负责资金监管，担保公司须向预购人提供预售款监管责任担保书，对监管期间内预售人未按规定使用预售款而给预购人造成的损失，担保公司须承担担保责任。对彩石山庄项目进行预销款监管的担保公司是济南置业担保有限责任公司、济南明基担保股份有限公司和济南中和担保有限公司，而济南置业担保有限公司的注册资本只有

---

［8］ 参见《山东三联之死》，载《财经国家周刊》2014年第20期。

3000万元,济南市建委对担保公司的资格审查明显失职。[9]

二、缘何选中司法确认程序

在多年的维权历程中,购房者曾持购房合同和担保协议向法院起诉,但"法院说接到政府通知,有关彩石山庄的诉讼一律不立案"[10]。三联集团于2010年4月向济南市中级人民法院提交破产重组申请,但在2014年前一直未能进入司法程序。[11] 2013年6月在济南市时任市委书记王敏(2011年12月至2014年12月在任,2016年9月因受贿罪被判处有期徒刑12年)的要求下,济南市成立彩石山庄协调领导小组,形成"B1、B3未建房区域退房款,并保留购房者索要违约金的权利;B2已建房区域复工并最终交房"的处理意见,但未获山东省政府批准。彩石山庄项目纠纷进入司法程序,要归因于中央第四巡视组于2014年3月29日至5月29日对山东的进驻巡视,当年5月21日巡视组副组长马瑞民与十名购房者代表见面沟通两个小时,其表态"一定关注到底",三天后购房者代表在山东省信访局再次与马瑞民见面。[12] 为落实中央巡视整改的要求,针对三联集团的问题,山东省委、省政府很快于2014年6月明确提出"按照法治思维,在法律框架内予以解

---

[9] 参见李继远:《山东三联集团项目烂尾六年》,载《华夏时报》2013年7月29日,第026版。

[10] 郑重:《济南最大烂尾楼启动司法程序》,载《华夏时报》2014年8月9日,第24版。

[11] 参见《山东三联之死》,载《财经国家周刊》2014年第20期。

[12] 参见《千亩大盘的烂掉》,载《财经国家周刊》2014年第20期。

决"的工作原则,确定"整体处置,分步实施,先期启动彩石山庄项目"的工作思路。[13]

2014年7月15日济南市中级人民法院按照省、市处理三联集团问题领导小组的工作思路,确定"在法律框架内严格依法解决、着重保障民生、兼顾其他债权人利益、开通便民通道提供优质司法服务"为司法处置原则;成立"处理三联彩石山庄问题领导小组",由时任院长李勇挂帅[14],成员来自该院和辖区内的市中区人民法院、历下区人民法院、历城区人民法院的民一庭、执行局、研究室、宣传办、立案庭、技术室等多个部门[15]。鉴于购房者因维权多年已付出很高的成本,以及走争讼程序须先平均预交案件受理费近万元,法院很快选定实行不收费且处置周期短的人民调解和司法确认程序。

2014年7月28日购房者被约到济南市政府所在地龙奥大厦,当场收到无抬头、无落款的《涉"彩石山庄项目"纠纷的诉讼告知书》,该份文书载明涉及B1地块的案件由济南市中区人民法院管辖、涉及B3地块的案件由济南市历下区人民法院管辖、涉及B2地块的案件和不能证明所购房屋确定地块的

---

[13] 参见徐锦庚、刘成友、卞民德:《济南最大烂尾楼是如何收尾的》,载《人民日报》2015年3月25日,第016版。

[14] 参见李文广、闫继勇、纪小槌:《运用法治思维方式化解纠纷的生动实践——山东省济南中院司法处置彩石山庄项目案件纪实》,载《人民法院报》2015年3月23日,第1版。

[15] 山东省高级人民法院、济南市中级人民法院2015年底分别对在彩石山庄项目案中表现突出的30名个人予以表彰,其中获记个人一等功的有1人、个人二等功的有7人、个人三等功的有7人、个人嘉奖的有15人,这些个人分别来自民一庭、执行局、研究室、宣传办、立案庭、技术室等多个部门。

案件由济南市历城区人民法院管辖,建议购房者列三联集团、三联城建公司、三联经纪公司为对方当事人。济南市中级人民法院回复称,之前的不立案是法院对案件进行"暂缓处理",诉讼时效不存在超过的问题。[16]

济南市司法局成立并确定由项目辖区的诉前民事纠纷人民调解委员会(如济南市市中地区人民调解委员会)作为彩石山庄项目纠纷的调解主体,调配 40 名经验丰富、专业素质高的人民调解员(包括济南市槐荫区人民法院原院长王启太)进驻法院,拿出部分资金以落实人民调解员工作补贴和改善办公条件,量身定制《彩石山庄案人民调解工作要求及流程》,预制一表(来访登记表)两簿(来访登记簿、调处登记簿)两书(填充式授权委托书、填充式调解申请书)等 17 种文书模板,以"环节不少、内容从简、不留瑕疵"为原则依法快调快结,配合法院制定《适用司法确认程序处理彩石山庄案件的要求以及流程》,确保在人民调解协议达成后能第一时间引导当事人填写司法确认申请,实现司法确认程序的及时跟进。[17] 自 2014 年 11 月 10 日起,未申请人民调解的水晶花园和白领公寓项目的购房者可直接向人民调解组织预约申请人民调解;而不必被动地等待人民调解组织的通知。[18] 自 2014 年 9 月 30 日启动,至 2014 年底针对水晶花园和白领公寓项目案件 1724 户购房者的

---

[16] 郑重:《济南最大烂尾楼启动司法程序》,载《华夏时报》2014 年 8 月 11 日,第 24 版。

[17] 参见山东省济南市司法局:《人民调解如何破解重大群体性矛盾纠纷——山东省济南市三联彩石山庄群体性纠纷调解始末》,载《人民调解》2015 年第 5 期,第 44—46 页。

[18] 参见陈彦杰、袁粼:《彩石山庄案发放首批购房款》,载《济南时报》2014 年 11 月 11 日,第 A06 版。

人民调解和司法确认已经完成，发放执行款 8.2 亿元。[19] 2015 年 3 月 9 日，针对尚华居和绿松苑项目的人民调解和司法确认也已启动，至当年 8 月 21 日，两项目发放执行款 5 亿多元，彩石山庄项目的群众购房问题至此基本得到解决。[20]

值得一提的是，因在销售前未取得商品房销售许可证，法院认定水晶花园和白领公寓项目所涉及的房屋买卖协议无效，双方都有过错、开发商为主要过错方，开发商应全额返还购房款并赔偿 80% 的利息（按中国人民银行流动资金一年期基准贷款利率计算）损失，利息自交纳购房款的第二日起算至实际给付之日。[21] 法院的如此认定为日后的人民调解统一了标准，使购房者理性地调整了索赔预期，不再坚持要求交付房屋或高额违约金。

三、司法确认裁定何以迅速执行

附条件的司法拍卖与人民调解和司法确认同步进行，以及三联集团对其享有的自动履行期限之权利的书面放弃，使司法确认裁定得以迅速执行。按照省、市领导小组确定的"政府收储＋退款"和"二次出让＋退款和续建房"方式，济南市财政先期筹集资金，由市土地储备交易中心依法参与竞拍，在司法确认裁定作出后，通过执行程序向要求退款的购房者退款，然

---

[19] 参见李文广、闫继勇、纪小楂：《运用法治思维方式化解纠纷的生动实践——山东省济南中院司法处置彩石山庄项目案件纪实》，载《人民法院报》2015 年 3 月 23 日，第 1 版。

[20] 祁云奎、袁郑：《用法治化解纠纷——济南法院依法处置"三联彩石山庄案"纪实》，载《走向世界》2017 年第 8 期，第 31 页。

[21] 参见陈彦杰、袁郑：《彩石山庄案发放首批购房款》，载《济南时报》2014 年 11 月 11 日，第 A06 版。

后济南市实施二次出让,所得收益用于弥补损失、解决续建房费用和失地农民赔偿问题。[22] 2014年10月30日济南市中级人民法院依法拍卖三联集团涉案的979亩土地使用权和地上建筑物,买受人除交纳拍卖成交价款外,还要承担农民的土地补偿安置费和尚华居、绿松苑项目的商品房预售合同债务[23],这场拍卖以竞拍前的参考价16.296亿元成交,平均每亩的价格并不算高。拍卖成功使三联集团自2014年11月10日起即可向购房者清偿债务,进而使人民调解协议中的利息计算截止日得以明确为2014年11月10日。2014年11月10日济南市中级人民法院在历下区人民法院举行首批购房款返还仪式,4名购房者当场共领到购房款及利息损失200多万元,作为4名购房者中唯一选择领取现金者,杨先生当初为结婚而付全款34.5万元以购买白领公寓项目一套130多平方米的房子。[24]

事实上,三联集团涉案的979亩土地使用权和地上建筑物能够进入司法拍卖程序,与最高人民法院于2014年7月18日下发书面批复同意山东省高级人民法院审判委员会关于"交付全部或者大部分款项的购房者享有的购房款返还请求权优先于承包人的建设工程价款优先权和抵押权人的抵押权"的多数意见高度相关。作为山东省委、省政府主要领导与最高人民法院充分沟通的成果[25],这一批复对2002年6月发布、文号为法

---

[22] 参见徐锦庚、刘成友、卞民德:《济南最大烂尾楼是如何收尾的》,载《人民日报》2015年3月25日,第016版。

[23] 参见陈彦杰、袁郯:《彩石山庄案发放首批购房款》,载《济南时报》2014年11月11日,第A06版。

[24] 同上。

[25] 参见徐锦庚、刘成友、卞民德:《济南最大烂尾楼是如何收尾的》,载《人民日报》2015年3月25日,第016版。

释[2002]16号的最高人民法院《关于建设工程价款优先受偿权问题的批复》第2条[26]进行解释,认为承包人的建设工程价款优先受偿权不得对抗买受人在房屋建成后的房屋交付请求权,也不得对抗买受人在房屋未建成时的购房款返还请求权。笔者认为,如此解释很可能会大大加重建筑企业和金融机构在房地产开发领域的风险控制负担,但在法理上基本能够自圆其说,"购房者的利益属于生存利益,承包人和金融机构的利益属于经营利益,对生存利益的保护应优先于经营利益"的理由能够作为最高人民法院于2014年作出这一批复的法理支撑。

四、基于彩石山庄项目案的初步判断

因彩石山庄项目所发生之群体性纠纷的成因具有综合性。开发商三联集团违规挪用购房款、大部分购房者无视预售手续之缺失、政府监管失灵、债权银行和建设单位对风险控制不力等因素共同作用、交互强化,致使群体性纠纷悬而未决达六年之久,待解的难题不断淤积。在我国当下和将来的不短时间内,欲实现对群体性纠纷的妥当化解,单靠法院通过裁判来调整存量资源注定效果不佳,由更具影响力的权力主体注入增量资源才是无奈但有效的方案。笔者认为,对法院曾长期不受理涉彩石山庄项目之案件的做法可给予同情式理解,因为这些案件立案后难以下判,下判后更难以执行,而下判和执行的客观困难将使因长期维权而陷入绝望的购房者将更大的不满指向法院。换而言之,针对社会转型期的群体性纠纷,对诉讼解决的

---

[26] 该条规定:消费者交付购买商品房的全部或者大部分款项后,承包人就该商品房享有的工程价款优先受偿权不得对抗买受人。

作用不能毫无指望,但也不能过高期望。

为防止"不闹不解决,小闹小解决,大闹大解决"的怪象蔓延,将有关群体性纠纷的信访请求导回法治轨道实为必要。在笔者看来,彩石山庄项目案虽被当成运用法治思维和法治方式化解社会矛盾的典型案例来加以宣传,但并未形成可复制、可推广的化解群体性纠纷(尤其是因烂尾楼引起的)经验。前往济南学习的外地法院多表示只能羡慕佩服却无法效仿推广,以及此案申请成为最高人民法院发布的指导性案例至今没有成功,足以印证笔者的判断。可用以对比的是,北京某公司物业管理中心、北京某企业管理有限公司申请确认人民调解协议效力案(由北京市西城人民调解委员会主持调解,司法确认裁定于 2015 年 12 月 17 日作出)因司法确认裁定生效后涉案场地的顺利腾退有力带动动物园批发市场区域内近 3 万平方米租赁房屋的腾退而被最高人民法院于 2017 年 4 月 18 日公布为"人民法院为京津冀协同发展提供司法服务和保障参考性案例"。[27]

彩石山庄项目案进展迅速、成效显著极大地依赖于"党政主导,多元共治,法院推动"的工作格局。纠纷解决的合力借此格局得以凝聚,司法确认程序的免费优势和快捷优势借此格局得以凸显,司法确认程序的适用成为彩石山庄项目案中的程序亮点,彩石山庄项目案使司法确认程序的社会知晓度大为增加,彩石山庄项目案在很大程度上能够证明司法确认程序在群体性纠纷化解中可担重任。

---

[27] 《最高人民法院公布的 10 起人民法院为京津冀协同发展提供司法服务和保障参考性案例》,载《人民法院报》2017 年 4 月 22 日,第 3 版。

附录

2019 年定西调研笔记

2016年1月21日,定西中院时任院长时春明在读过我的论文《司法确认程序何以生成的制度史分析》后,发来短信:"拜读大作,诚悦叹服,理论功底深厚、文字功力扎实、文章结构严谨、资料占有充足、说理论道透彻!更令我佩服的是你虽未与我过多交流却能准确说透我当时所思所想,由不得我不加敬畏!中华法制的未来需要你们这样的俊才!"那时我在一刻钟内予以回复:"多年来很是敬佩您在改革关键期的出色作为。感谢您的阅读并肯定我的转型之作。对定西做法,我持续关注多年,一直试图做客观的分析。2015年3月底我曾到访过甘肃,悄悄地了解过司法确认程序的运行状况。为让后人能详细了解这段制度史,故下大力气写就该文。其中难免有偏颇之处,还请谅解。若有机会,很想与您深聊一番。也很期待能前往定西做较长时间的系统性调研。"对我前往调研的想法,时春明当即表示欢迎,三年来我曾数次计划前去,但均未付诸行动。

2019年1月21日,我在凌晨4点54分给时春明发去短信,表达了去定西和他当面交流并了解十多年来司法确认程序之整体运行状况的想法,他在上午 7 点 39 分回复说他已退休,让我与定西市安定区人民法院院长徐元学联系,说徐院长是司法确认程序创新的全程参与者,有充分发言权。2016 年 12 月时春明到定西中院任职时,徐元学是研究室副主任,后升任为研究室主任、渭源县人民法院院长、安定区人民法院院长(2016 年 10 月全票当选)。蒙时春明牵线安排,我和徐元学于 1 月 21 日确定了调研的行程,先去司法确认程序最早的试点法院(渭源县人民法院),再去他任职的安定区人民法院。我把调研接洽函和拟了解的资料清单传真给他。

2019 年 1 月 27 日,整个白天我都在认真地听别人做年度总结,期待从他人的总结中取长补短、再图进取,晚上六点半开始的晚会我已无心观看,草草吃了些饭菜,便乘车前往济南遥墙机场。在兰州中川机场降落并与接站的杜师傅见上面,已是 28 日的凌晨。从中川机场到渭源县城有 220 多公里,杜师傅说先走兰州南绕城高速、后走兰州到临洮的高速就可到达。两个半小时的高速行程,我们见识到了黄土高原不计其数的隧道,夜间驾车十分辛苦的杜师傅其间曾下车抽烟和小跑。

2019 年 1 月 28 日上午在渭源县人民法院主要是和院长范飀(曾任定西中院办公室副主任、岷县人民法院院长)、副院长徐彦平、立案庭长座谈。渭源县人民法院现有中央政法编 66 个,实有 61 人,入额法官为 23 人。2014 年至 2018 年渭源县法院分别受理案件 1960 件、2591 件、3320 件、4142 件、5448 件,2018 年结案 5220 件,员额法官人均结案 227 件,2018 年收案是 2008 年的 4.05 倍(2008 年收案 1346 件),2018 年法官人均结案是 2008 年的 7.4 倍(2008 年法官人均结案

30.6件)。近年来,渭源县人民法院法官人均办案数在定西法院系统排第二、在甘肃省法院系统排前十。受访者坦承,近年来的司法确认案件收案数没有水分,2018年只有几十件,现在办理司法确认案件没有试点期间的硬性考核压力了。从渭源县人民法院提供的2017—2018年典型案例来看(见表附-1),十起案件中司法确认案件的受理时间与确认有效裁定的作出时间均相同;除(2017)甘1123民特6号案外,其余九起案件中调解协议的达成时间与司法确认案件的受理时间均相同;十起案件所针对的原纠纷类型并不单一,调解组织除了人民调解委员会之外,还有律师事务所。

2019年1月28日下午在安定区人民法院主要是和院长徐元学、审管办主任、民一庭副庭长座谈,获赠时春明主编、2010年合法印制但无书号的《诉前司法确认机制创新实录》两本。安定区人民法院现有中央政法编101个,入额法官为45人(在岗者42人)。安定区人民法院2017年受理案件7582件,2018年受理案件9524件,2019年1月已受理案件1300多件,2009年至2018年受理的民商事案件数量整体上呈现不断增加的态势(见表附-2)。2007年3月至2010年10月定西法院系统共办理司法确认案件4300件。2011年至2019年1月28日安定区人民法院共受理司法确认案件2277件,但近年来数量减少得厉害,究其原因,受访者认为主要有三个:(1)司法确认程序进入《人民调解法》和《民事诉讼法》后,上级法院的硬性考核指标取消,基层法院对办理司法确认案件失去了压力和动力。(2)司法确认案件的考核权重不好计算,若确定得过高,其他法官有意见;若确定得过低,承办法官担心虚假司法确认的风险而不愿意承办。(3)部分司法确认案件针对的原纠纷的

表附-1 渭源县法院 2017—2018 年典型司法确认案件简况表

案号	原纠纷	调解组织	调解协议达成时间	申请人	裁定作出时间
(2017) 甘 1123 民特 6 号	机动车交通事故责任纠纷	甘肃声达律师事务所	2017 年 2 月 4 日	七个自然人	2017 年 2 月 6 日
(2017) 甘 1123 民特 10 号	婚约财产纠纷		2017 年 3 月 7 日	三个自然人	2017 年 3 月 7 日
(2017) 甘 1123 民特 33 号	财产损害赔偿纠纷	渭源县莲峰镇人民调解委员会	2017 年 7 月 12 日	两个自然人	2017 年 7 月 12 日
(2017) 甘 1123 民特 35 号	彩礼返还纠纷		2017 年 7 月 12 日	两个自然人	2017 年 7 月 12 日
(2017) 甘 1123 民特 36 号	财产损害赔偿纠纷		2017 年 7 月 25 日	两个自然人	2017 年 7 月 25 日
(2017) 甘 1123 民特 8 号	运输合同纠纷	渭源县路园镇人民调解委员会	2018 年 4 月 25 日	一个自然人一个非法人组织	2018 年 4 月 25 日
(2018) 甘 1123 民特 5 号	运输合同纠纷		2018 年 4 月 12 日	两个自然人	2018 年 4 月 12 日
(2018) 甘 1123 民特 6 号	劳务合同纠纷		2018 年 4 月 12 日	两个自然人	2018 年 4 月 12 日
(2018) 甘 1123 民特 22 号	劳务合同纠纷	渭源县莲峰镇人民调解委员会	2018 年 6 月 14 日	两个自然人	2018 年 6 月 14 日
(2018) 甘 1123 民特 23 号	劳务合同纠纷		2018 年 6 月 14 日	两个自然人	2018 年 6 月 14 日

基础事实真实性很难确定，非诉调解组织的把关很难令法院放心，在办案质量终身负责的压力下，法官办理司法确认案件时不敢只进行形式审查，而进行实质审查不如让原纠纷直接通过争讼程序来解决。安定区人民法院提供的书面资料表明，在处理严重影响社会政治稳定的纠纷、群体性上访纠纷、疑难复杂纠纷时，司法确认程序在促进纠纷"一揽子解决"方面具有得天独厚的优势。(2011)安民一调确字第101号确认决定书和(2011)安民一调确字第120号确认决定书所共同针对的道路交通事故人身损害赔偿纠纷[1]、(2016)甘1102民特83号民事裁定书所针对的土地租赁合同纠纷[2]都是当地政府期待尽快圆满解决的群体性纠纷。在访谈中我提出"司法确认程序在纠纷解决机制中的作用不应只看案件数量，而应重点考察其对化解复杂难办纠纷的实际效果"，受访者普遍表示赞同。

2007年至今，司法确认程序在定西市的运行先高歌猛进、后偃旗息鼓，在我的意料之中，所以2019年年初的这次调研归来我不但没有明显的失望情绪，反而对自己在本书中作出的诸多判断更有信心。一项新机制的运行状况往往和主要推动者的情怀、勇气、能力、智慧、侧重点高度相关，个人印记在新机制的运行中不可避免、也不可或缺，人离政息成为诸多创新机制的大多结局。这一认识在我自2015年7月至今观察检察公益诉讼运行状况之省域差异时不断被强化。

在我看来，当下中国的民事诉讼法学研究有两种非理性的倾向。一种是对程序的实践运行完全置之不理或选择性无视，无知的傲慢或懒惰的托辞是这种倾向形成的主要原因；一种是

---

[1] 一方主体为定西交通（集团）有限责任公司交通技工学校。
[2] 一方主体为定西市金芋源农业科技有限责任公司。

表附-2 定西安定区 2009—2018 年民商事案件数统计表

年份	2009年	2010年	2011年	2012年	2013年	2014年	2015年	2016年	2017年	2018年
受理数	2119	2348	2461	2644	2421	2974	4006	4142	4523	5584
结案数	2002	2577	2127	2247	2197	2643	3667	3729	4313	5357

对程序的实践运行完全深信不疑或片面性爱恋，盲目的轻信或低能的跟随致使这种倾向时常可见。我期待，"对程序的实践运行状况不可不信，也不能尽信"能尽快地成为理性的共识。

定西市中级人民法院
关于人民调解协议诉前司法确认机制
的实施意见（试行）

（2007年11月21日定西市中级人民法院
审判委员会第109次会议讨论通过）

为建立多元化纠纷解决机制，促进人民调解、行政调解和诉讼调解的有效衔接，构建大调解格局，最大程度地把矛盾纠纷化解在基层，根据法律及其司法解释关于人民调解、诉讼调解工作的有关规定精神，结合实际，制定如下实施意见：

一、人民调解协议诉前司法确认机制，是指人民调解委员会、行政机关等非诉调解组织对当事人之间的矛盾纠纷调解达成协议后，经当事人申请，人民法院审查认为协议合法有效，出具法律文书确认该调解协议，赋予该调解协议以强制执行效力的制度。确认书送达后即发生法律效力，当事人必须履行，不能反悔，不能另行起诉；如果一方拒绝履行，另一方可依据确认书依法申请人民法院强制执行。

二、人民法院受理的确认案件是发生在公民、法人和其他社会组织之间涉及民事权利义务关系且属于基层人民法院管辖的民商事纠纷案件。主要包括人身损害赔偿、债务、分家析产、赡养、抚育、抚养、继承、相邻关系、婚约财产、宅基地、财产权属、合伙、农业承包合同、劳务合同、借款合同、保管合同、运输合同、建设工程施工合同、承揽合同、租赁合同、借用合同、赠与合同等纠纷。

三、下列案件，人民法院不予受理和确认：

1. 不属人民法院主管的案件；

2. 离婚及涉及身份关系确认和认定的民事案件；

3. 适用特别程序审理的案件；

4. 调解协议内容不规范、不具体、不明确，无法确认和执行的案件；

5. 其他不宜由人民法院受理和确认的案件。

如受理后经审查属上列情形的，人民法院不予确认。

四、市、县（区）城区调解组织调解的案件，由各县（区）人民法院民事审判庭受理和确认；各乡（镇）、村调解组织调解的案件，由调解组织所在辖区的人民法庭受理和确认。

五、人民调解协议诉前司法确认程序主要包括以下步骤：

1. 当事人提出确认申请：当事人申请人民法院确认调解协议应当具备如下条件：

（1）由双方当事人提出申请，或由一方提出申请另一方同意。

（2）申请可以书面形式提出，也可以口头形式提出。口头提出的，由人民法院记入笔录。

（3）申请可由当事人自己提出，也可委托他人提出。委托他人提出的，受托人必须持有委托人（申请人）委托的书面委托书。

（4）当事人提出申请时必须附经调解组织调解达成的调解协议书。协议书上必须有各方当事人和调解人员的签名，并盖有调解组织的印章。还必须附申请人的送达地址、收件人、电话号码及其他联系方式。

2. 当事人申请确认的期限：调解协议无履行期限的，应在调解协议达成后三个月内提出；调解协议有履行期限的，应在调解协议载明的首次履行期限届满 20 日前提出。超过期限提出的，人民法院不予受理和确认。

3. 人民法院受理：人民法院审查当事人提交的前述材料齐全的，应予受理，并当即向双方当事人送达受理通知书。

当事人收到通知书后应在 3 日内预交申请费。不予预交的，人民法院不予确认，按自动撤回申请对待，并将情况告知另一方当事人和记入笔录。

4. 人民法院审查：人民法院受理后，原则上由一名审判员审查，必要时也可以组成合议庭进行审查。

审查人员遇有民事诉讼法规定的回避情形的，参照民事诉讼法有关回避的规定执行。

审查以书面形式进行，必要时可以询问当事人。主要从以下五方面进行：

（1）当事人是否具有完全民事行为能力，代理人参加调解的，代理人是否有代理权；

（2）调解协议是否是当事人的真实意思表示；

（3）调解协议是否违反法律、行政法规的强制性规定和社会公共利益，是否损害国家和集体利益及第三人的合法权益；

（4）调解协议内容是否属于当事人处分权的范围；

（5）调解协议是否以合法形式掩盖非法目的。

必要时，人民法院可以调阅调解组织查存的关键性证据，向调解人员调查了解调解时的情况，但不得对当事人间的纠纷再行主持调解。如原调解协议个别语言不规范，人民法院可以在征询当事人同意后，在不改变协议原意的情况下对原协议进行规范，规范后交当事人签字认可，人民法院即按此协议予以确认。

审查工作应在受理后的第二天起10个工作日内完成。审查完毕后，审查人员要写出书面审查报告。

5. 作出确认与否的决定：经审查，调解协议合法有效，或属可变更、可撤销但当事人明确表示放弃变更、撤销权的，人民法院应予确认；调解协议无效，或部分有效、部分无效，或属可变更、可撤销的，当事人提出变更、撤销的，人民法院不予确认。当事人请求人民法院对其纠纷主持调解，人民法院告知其撤回确认申请后以原纠纷依法向人民法院起诉。

决定确认的，人民法院要制作"××人民法院人民调解协议确认书"，用送达回证送达双方当事人及有关调解组织，送达时一方拒收的，视为不同意确认，按自动撤回申请对待，并告知另一方当事人和记入笔录；决定不予确认的，人民法院要制作"××人民法院不予确认通知书"，说明不予确认的理由，送达双方当事人及有关调解组织。

六、当事人撤回确认申请的，人民法院应予准许，并记入笔录。

七、人民法院不予确认或当事人撤回申请或按自动撤回申请对待的，若当事人以原纠纷起诉的，人民法院应依法予以受理。

八、人民法院确认调解协议后，当事人提出申诉或人民检察院提出抗诉的，经审查，原确认确有错误的，人民法院应采用决定书撤销原确认书。

确认书被撤销后，当事人以原纠纷起诉的，人民法院应依法予以受理。

九、当事人申请人民法院确认调解协议应当交纳申请费。确认案件没有标的金额的，每件收取50元；有标的金额的，参照《诉讼费用交纳办法》中关于财产案件受理费的办法和调解案件的收费规定计算收取。申请费用由双方当事人在申请时各半预交。案件审结后由双方各半负担，但当事人自愿协商负担的除外。当事人符合司法救助条件的，按有关规定执行。不予确认或当事人撤回申请的，申请费不予收取。

十、确认案件应形成卷宗（不分正副卷），装订整齐后归档管理。

确认案件要统计在司法统计报表民商事表的其他栏中，并予以注明。

十一、本意见未尽事宜，可参照民诉法及有关司法解释的有关规定执行。

十二、本意见自2008年1月1日起试行。解释权归定西市中级人民法院审判委员会。

定西市中级人民法院"人民调解协议诉前司法确认机制"大事记[3]

2007年

1月9日，定西市中级人民法院（以下简称市中院）党组书

---

[3] 由时春明主编整理的"诉前司法确认机制大事记"可以完整且充分地证明定西是司法确认程序的起源地，能达到消除争议和还原事实的效果。2019年1月31日时春明同意将其纳入本书的附录部分，在此谨表谢忱。

记时春明主持召开全市法院院长见面会。会上，他在对全市法院包括"两庭"建设在内的审判执行和其他各项工作提出要求后，打招呼性质地对大家说："我在任省法院研究室主任期间，根据郝洪涛院长关于'加强人民法庭建设，不仅要加强硬件建设，还要加强软件建设'的指示，就如何建立人民法庭有效工作机制，不断提高司法能力和司法水平，四年间数次到全省各基层法院、人民法庭调研。调研发现，一方面，人民法院经受着'诉讼爆炸'的考验，另一方面，人民调解和行政调解的功能没有得到充分发挥，造成资源闲置。四年调研使我形成了一种思路，即建立人民调解协议确认机制，赋予人民调解协议法律效力，这样不但能充分有效发挥司法权功能，而且还能充分发挥人民法庭对人民调解工作的指导。我也曾到部分中院、基层法院鼓动过，但都未能付诸实践，组织决定我到定西中院任职之初，我就想将该机制付诸实践，今天到任了，请大家支持这项改革实践。"

1月21日，在定西市二届人大一次会议上，市中院代院长时春明在工作报告中讲："以法院改革为动力""全面推进各项工作，为我市的和谐稳定和经济社会发展提供司法保障"。

3月6日，全市法院院长会议上市中院院长时春明在讲话中提出："要探索'人民调解组织调解协议确认机制'，人民调解组织调解达成的协议，经当事人申请，人民法庭审查，凡符合自愿合法原则、又不损害他人和社会公共利益的，依法予以确认，对调解协议赋予法律效力，当事人即可据此向人民法院申请强制执行。"

3月12日至4月2日，市中院院长时春明分别邀请七县(区)县(区)委常委、政法委书记等领导先后深入七县(区)法院，对当地人民调解、行政调解、行业调解等非诉调解组织调解案件的情况和法院对非诉调解协议进行确认的可能性进行务实性调研。在调研过程中，对建立"人民调解协议确认机制"的重要性、必要性以及如何操作等问题进行了宣传和发动，并确定先行在渭源县人民法院的会川、莲峰两个法庭试点。

4月10日，市中院院长时春明将试点情况和下一步安排向市委常委、政法委书记李晓林作了专题汇报，引起了李书记的重视，他认为："人民法庭这一工作机制将在人民调解组织和人民法庭之间形成一个联系纽带，架起一座沟通的桥梁，是对人民法庭工作方法和工作机制的一种尝试。"他要求待总结经验后在全市法院推广。

4月12日，省法院院长郝洪涛在副院长马平等陪同下视察了定西两级8个法院及13个人民法庭，在了解到渭源县法院正在试点的"人民调解协议确认机制"情况后给予了充分肯定，他要求：加强指导，认真总结，不断完善，尽快在全市法院推行。

5月17日，市委常委、政法委书记李晓林视察市中院工作。在深入听取了正在试点的"人民调解协议确认机制"进展情况汇报后，他要求："各县区党委、政府要采取各种措施，充分发挥总揽全局、协调各方的作用，增强服务意识和工作主动性，协调建立、完善、落实这项司法改革试点中遇到的诸如人员编制、机构设置、经费保障等方面的实际困难和问题；要积极探索将这项改革措施纳入当地社会治安综合治理的考核范围，予以落实。"

5月29日，市中院在总结渭源县人民法院该机制改革试点经验的基础上，正式下发了《关于开展"人民调解协议确认机制"试点工作的通知》，将渭源县人民法院确定为"人民调解协议确认机制"试点法院，将其他6个基层法院的8个人民法庭确定为试点法庭，成立了由市中院主管民商事审判和研究室工作的副院长安永刚为组长的"人民调解协议确认工作领导小组"，并成立了办公室，以加强对全市法院"人民调解协议确认机制"试点工作的指导，同时，要求各县（区）法院积极争取各县（区）政法委对试点工作的领导，认真了解辖区内调解组织的现状及纠纷调解情况，在认真调研和分析的基础上，根据各自实际，依据相关法律规定，提出各自切实可行的实施方案进行试点，并将方案报市中院。

7月初，市中院人民调解协议确认工作领导小组在安永刚副院长的带领下开始对全市各基层法院的此项改革试点工作进行调研，现场指导各县（区）法院试点工作，及时总结经验，纠正不足，帮助解决遇到的困难和存在的问题。调研发现，各县区法院根据市中院的通知精神，均先后制定了试点方案，积极认真地开展试点工作。一是加强宣传发动；二是加强指导，解决民调组织调解不规范的问题；三是加强申请确认结果的反馈，以增强人民调解员的法制意识，程序意识，提高调解的公正性；四是重视原纠纷案件的审理，及时有效地化解纠纷；五是积极探索、认真研究"人民调解协议确认机制"的具体问题。在试点中，各试点法庭大胆探索，就确认案件的范围、确认审查的程序、确认的形式、确认案件的收费标准以及案件归档等进行了创新，为总结推广打下了良好的基础。同时在调研中发现存在以下问题：一是试点工作进展不平衡；二是确认采取何种方式，目前还不统一；三是调解协议确认的范围有待进一步规范和具体；四是人民调解协议确认案件的费用如何收取；五是机制名称的问题等。

8月8日，省委常委、政法委书记罗笑虎到渭源县检查"全省万名干部下基层排查调处矛盾纠纷活动"情况，在了解到渭源县人民法院正在试点的"人民调解协议确认机制"时，非常感兴趣，并深入到被确认案件的当事人家中进行走访，对该机制给予了充分肯定。他说："这项司法改革是充分发挥人民调解的基础作用、建立多元化纠纷解决机制的有益尝试，值得认真总结推广。"此后，罗书记在全省人民调解工作会议、全省政法工作会议、全省中级法院院长会议等全省会议上，均对该机制给予了充分肯定，并要求大胆探索、勇于实践、总结经验、及时推广。

8月14日，市中院向市委政法委报送了《关于全市法院开展"人民调解协议确认机制"试点工作的情况报告》，得到了市委政法委的高度重视，市委常委、政法委书记李晓林将此项机制创新的运行情况列为自己深入基层调研的重要内容之一。

9月初，市中院改革领导小组再次对全市法院开展该机制试点的情况进行全面调研，总结试点经验和做法，在此基础上，五易其稿，制定了《定西市中级人民法院人民调解协议诉前司法确认机制实施意见》（征求意见稿），广泛征求基层法院、人民法庭和司法行政部门、人民调解等非诉调解组织的意见，首次正式提出"人民调解协议诉前司法确认机制"，时春明院长特别指出，"诉前""司法""确认"是该机制的三个核心概念，缺一不可，其实质是"非诉调解协议诉前司法确认机制"，之所以称为"人民调解协议诉前司法确认机制"，是因为这样易于被广大人民群众认知。

9月3日，《法制日报》第8版发表了题为《定西法院首创

"人民调解协议确认机制"人民调解协议诉前经法院确认后具有法律效力,拒绝履行法院可能强制执行——诉前司法"确认"开辟解决纠纷新径》的长篇报道,首次公开大篇幅报道了定西法院在全国法院的这项首创。见报后,全国很多网站予以转发,此后《甘肃日报》《甘肃法制报》、搜狐网、中国平安网等30多家主流媒体先后进行了报道。

10月12日,《甘肃法制报》第3版以"构建人民调解协议确认机制的样本调查""和谐应当法德并举""确认机制的萌芽""实体处理上的法律依据""莲峰第一小学与汪怀真相邻权纠纷案""尊重'当事人意思自治原则'""改革就得有突破"等7个版块对定西法院试点的人民调解协议确认机制进行了全方位的报道。

11月21日,市中院第109次审判委员会讨论通过了《定西市中级人民法院人民调解协议诉前司法确认机制实施意见(试行)》,与市司法局联合下发全市各基层法院和司法局,自2008年1月1日在全市全面推行该机制。《实施意见》界定了"人民调解协议诉前司法确认机制"的概念,明确了诉前司法确认案件的受理范围、受理程序、司法审查程序、司法审查结果、司法救济途径等,并制定了《人民调解协议确认受理通知书》《人民调解协议确认书》《人民调解协议不予确认通知书》和《撤销人民调解协议确认决定书》等四种法律文书格式。

2008年

1月16日,市中院院长时春明向定西市二届人大三次会议报告2007年全市法院工作时指出:"在全国法院率先推出'人民调解协议诉前司法确认机制'。中院在充分调研的基础上,为建立多元化纠纷解决机制,促进人民调解、行政调解和诉讼调解的有效衔接,构建大调解格局,最大程度地把矛盾纠纷化解在基层,于 2007 年 3 月份决定在渭源县人民法院 2 个法庭试点'人民调解协议诉前司法确认机制',于 5 月份下发了《关于在全市法院开展人民调解协议确认机制试点工作的通知》,确定了 1 个法院和 8 个法庭进行扩大试点,至 2007 年年底,共对 173 件人民调解协议进行了诉前司法确认。这项改革,先后被《法制日报》《甘肃法制报》作了长篇报道,搜狐网、中国平安网等 30 多家网站亦进行了转载。中院总结试点经验,正式制定了《定西市中级人民法院人民调解协议诉前司法确认机制实施意见(试行)》,与市司法局联合下发,已于 2008 年 1 月 1 日在全市法院实施""全面推行人民调解协议诉前司法确认机制"。

2 月 27 日,市中院下发了《关于积极开展人民调解协议诉前司法确认工作的通知》,要求各县(区)法院要尽快打开工作局面,认真贯彻落实中院制定的实施意见,积极开展确认工作,使该项改革取得突破性进展;要坚持多请示、多汇报、多沟通、多协调、多宣传,以争取当地党委、政府及有关部门和领导及广大群众的理解和支持;要认真总结、反馈试行中的经验,为该制度的完善和今后的正式实施提供条件。

3 月 20 日,省法院研究室副主任马剑勇陪同省电视台"法治在线"栏目编导生伟、摄像李维维、制作刘广伟到定西中院调研、采访"人民调解协议诉前司法确认机制"运行情况,专题采访了市中院院长时春明。时春明院长从为什么要创设人民调解协议诉前司法确认机制、人民调解协议诉前司法确认机制的概念和主要内容、建立人民调解协议诉前司法确认机制的依据、人民调解协议诉前司法确认机制的创设过程、人民调解协议诉前司法确认机制的成效、今后的打算等方面一一进行了介绍。省电视台先后于 2008 年 4 月 19 日播出了题为《和风细雨话调解》专题片、2008 年 5 月 23 日播出了《创新机制解民忧》专题片。

4 月 24 日至 27 日，市中院院长时春明在岷县和漳县就"人民调解协议诉前司法确认机制"进行了调研。他强调要加强人民法庭的管理，特别是制度建设，开展好"人民调解协议诉前司法确认机制"试点工作，使人民法庭的功能得以充分的发挥。

5 月，市中院被最高人民法院确定为多元化纠纷解决机制改革试点法院。根据最高人民法院和省高院关于改革试点的要求，市中院党组书记、院长时春明及时主持召开党组会专题研究决定：成立司法改革领导小组，下设办公室。会议在总结原改革试点和全面推行经验做法的基础上，立足全局，结合实际，将"人民调解协议诉前司法确认机制"确定为落实最高法院多元化纠纷解决机制改革试点的内容。

5 月 20 日，市中院审判委员会讨论通过了《定西市中级人民法院开展多元化纠纷解决机制改革试点工作实施方案》（下称《实施方案》），将全面推行的《实施意见》改为继续全面改革试点，并将《实施方案》上报省法院和最高人民法院，并下发到全市各基层法院。

6 月 2 日，市中院又下发了《关于开展多元化纠纷解决机制改革试点工作的通知》，要求全市法院要进一步提高认识、争取党委领导、加强组织协调、加大宣传力度、及时请示汇报、认真调查研究，扎实、有序开展改革试点工作。

6月23日，市委书记、市人大常委会主任杨子兴视察市中院工作，对"人民调解协议诉前司法确认机制"改革试点给予了充分肯定，他指示："该机制是人民法院的机制创新，要大胆实践，在试点中有什么困难和要求，市委、市政府一定帮助解决，大力支持。为了尽快在全市推行该机制，争取人民群众的认可、参与、支持，建议你们在试点期间暂停收费，由此给法院造成的经费不足由市财政解决。"

6月28日，市中院下发了《关于人民调解协议诉前司法确认案件在试点期间暂停收费的通知》，规定在该机制试点期间，确认案件一律不予收费。

7月3日，市中院副院长安永刚参加了最高人民法院在吉林省长春市召开的多元化纠纷解决机制改革试点座谈会。会上，他对"人民调解协议诉前司法确认机制"改革试点工作情况进行了汇报。

7月17日，最高人民法院副院长万鄂湘来定西中院视察工作，在听取了关于"人民调解协议诉前司法确认机制"试点情况的汇报后指出："这是一项真正的机制创新，是践行'公正司法、一心为民'的具体体现。"调研结束后，他在召开的座谈会上再次强调了这一点。

7月18日至26日，市中院司法改革领导小组成员深入各基层法院调研，根据最高人民法院改革试点的要求，全面总结"人民调解协议诉前司法确认机制"的试点工作，并及时向最高人民法院司改办报告了试点工作第一阶段的情况。

8月8日，市中院商市司法局在临洮县召开了全市"人民调解协议诉前司法确认机制"司法改革试点现场交流会，全市法院院长和司法局局长出席了会议。会上临洮、渭源、漳县、陇西县法院和渭源、临洮县司法局进行了经验交流。市中院副院长安永刚报告了全市法院开展"人民调解协议诉前司法确认机制"的试点情况。市委常委、市委政法委书记李晓林发表了书面讲话。市中院院长时春明、市司法局局长赵希荣分别作了讲话。《法制日报》驻甘站站长周文馨应邀出席了会议。

8月14日《甘肃法制报》发表了题为《调解诉前确认化解矛盾纠纷——定西交流"人民调解协议诉前司法确认机制"试点经验》的报道。

8月20日，安定区法院与区公安局联合制定《关于公安机关行政调解协议诉前司法确认机制的实施意见（试行）》，对公安机关主持当事人达成行政调解协议后进行诉前司法确认的程序等作出了具体规定。

8月26日《法制日报》第8版发表了题为《司法"确认"人民调解协议后自觉履行率提高，但部分法院面临单枪匹马窘况——定西法院诉前司法"确认"运行调查》的报道。

8月29日，市中院司法改革领导小组创办了《人民调解协议诉前司法确认机制司法改革试点动态》专刊。该专刊坚持理论联系实际的方针，通过刊载司法改革试点理论文章、调查报告、经验做法、案例探讨、问题分析等，为全市法院开展"人民调解协议诉前司法确认机制"司法改革试点提供研究理论、交流经验、探讨改革的园地。

10月28日，市中院商市司法局联合召开了全市法院、司法局多元化纠纷解决机制理论研讨会。会上获奖论文作者、全市基层法院院长及司法局局长对"人民调解协议诉前司法确认机制"进行了研讨，市委常委、市委政法委书记李晓林、市中院院长时春明、市司法局副局长高会林发表了讲话。省法院研究室主任杨魏莅临会议指导。

11月3日，市中院下发了《关于报送"人民调解协议诉前司法确认机制"改革试点案例的紧急通知》，要求各县（区）法院报送典型的诉前司法确认案例，并附确认文书。

11月6日，中央综治委赴定西对综治工作暨全国综治先进检查验收情况汇报会上，检查验收组组长、中央政法委宣传教育指导室主任李宝柱反馈说："定西市法院系统推行的人民调解协议诉前司法确认机制，有效化解了大量矛盾纠纷，值得全国法院借鉴。"

11月14日，市中院院长时春明参加了最高人民法院在北京召开的全国多元纠纷解决机制理论研讨会，会上，时院长详细介绍了"人民调解协议诉前司法确认机制"的改革试点情况，甘肃参加会议的还有甘肃高院研究室主任杨魏和定西市中院研究室副主任徐元学。

11月17日至19日，省人民法院院长梁明远在副院长李琪林的陪同下，深入定西调研"人民调解协议诉前司法确认机制"，在充分肯定的同时，指示要认真总结经验做法，不断加大推进力度，省法院要派出专题调研组进行调研、总结，加强指导，在适当时候召开现场会，在全省推广。

2009年

1月7日，市中院院长时春明向定西市二届人大五次会议报告2008年全市法院工作时指出："深入开展'人民调解协议诉前司法确认机制'司法改革试点。中院于2007年率先在全国法院推出的'人民调解协议诉前司法确认机制'，引起了中央和省市政法委、最高人民法院、省法检等领导机关领导的高度重视，几十家大型媒体连续进行了重头报道，其法律效果与社会效果的统一得到了全国很多法院的司法实践证明，该机制在全国法院正悄然推开。2008年5月，中院被最高人民法院确定为多元纠纷解决机制司法改革试点法院(全国1个高院、3个中院、4个基层法院为全国法院多元纠纷解决机制改革试点法院)，主要任务就是试点'人民调解协议诉前司法确认机制'。为此，中院成立了司法改革领导小组，制定了《关于人民调解协议诉前司法确认机制的实施意见(试行)》和《关于开展多元化纠纷解决机制改革试点工作实施方案》，并与市司法局先后于2008年8月、10月联合召开了全市'人民调解协议诉前司法确认机制'改革试点现场交流会、理论研讨会。全市法院在党委的领导、司法行政部门的配合支持下，2008年共确认673件、不予确认4件，其中8月至年底共确认561件、不予确认4件，占基层法院同期一审民商事案件总数的21.05%。"

"按照最高法院的要求全面完成'人民调解协议诉前司法确认机制'司法改革试点任务，真正建立起多元纠纷解决机制。"

2月4日，市中院下发《关于撰写人民调解协议诉前司法确认机制典型案例的通知》，要求各基层法院一定要高度重视，确定责任心强、写作能力好的人员负责典型案例的撰写工作；在确认案件中选择一些较典型案件进行撰写，对于不予确认和撤销确认以及申请强制执行的确认案件要全部撰写成典型案例。每起案例字数掌握在2000字左右，目的是要编辑《人民调解协议诉前司法确认典型案例选编》，为全省现场会做准备。

2月13日，全市法院院长会议召开。会上，市中院院长时春明明确要求各基层法院："在保证确认质量的前提下全力提高确认数量，今年上半年要使诉前司法确认案件数占基层法院一审民商事案件总数的30%以上。"

2月20日，《人民法院报》评论部主任姬忠彪在市中院院长时春明、甘肃省高院研究室主任杨魏的陪同下在定西调研"人民调解协议诉前司法确认机制"，于3月3日在《人民法院报》第8版发表了题为《定西，定兮！——定西"人民调解协议诉前司法确认机制"调查》。该调查称：被最高人民法院确定为多元纠纷解决机制改革试点法院之一的甘肃省定西市中级人民法院，于2007年开始探索实施的"人民调解协议诉前司法确认机制"，是对王胜俊院长"要积极探索建立健全多元纠纷解决机制，形成各方面分工负责、互相配合、共同化解社会矛盾的整体合力，尽可能地把各类矛盾纠纷解决在初始阶段，处理在诉讼之前，努力促进社会和谐"这一讲话精神进行的理论和实践层面的诠释。

3月5日，省法院派出由民一庭副庭长王成强带队，杨磊、曹焱和文朝霞参加的调研组来定西法院对"人民调解协议诉前司法确认机制"进行了为期五天的调研，并形成了详实的调研报告，为即将在全省推行"人民调解协议诉前司法确认机制"奠定了基础。

4月1日，最高人民法院司改办方金刚、何帆、付育在省高院民一庭杨磊的陪同下来定西法院调研"人民调解协议诉前司法确认机制"，为最高人民法院制定《关于建立健全诉讼与非诉讼相衔接的矛盾纠纷解决机制的若干意见》提供了详实的第一手资料。

4月7日，市中院下发《关于进一步推进"人民调解协议诉前司法确认机制"司法改革试点工作的通知》，要求各基层法院要大胆探索，勇于实践，在原来只确认人民调解协议、行政调解协议以及行业调解协议的基础上,只要当事人双方达成的调解协议是当事人的真实意思表示、不违反法律和行政法规的强制性规定和社会公共利益、不损害国家和集体利益及第三人的合法权益、不是以合法形式掩盖非法目的,可以扩大到当事人之间自愿达成的调解协议、由第三人主持调解达成的调解协议。

5月6日,市中院编写的《人民调解协议诉前司法确认案例选编》印刷成册,作为指导全市法院及司法行政部门开展"人民调解协议诉前司法确认机制"的宣传材料发到全市法院法官和全市司法行政部门及其从事调解工作的人员手中。

5月14日,市中院研究室向全市各基层法院院长寄发了《关于转达时春明院长指示函》,转达了市中院院长时春明阅读完《人民调解协议诉前司法确认案例选编》后的指示。他要求:"各基层法院院长要亲自抓'人民调解协议诉前司法确认案例'编写工作。要在每年年底对本院本年度'人民调解协议诉前司法确认案例'按照已编辑成册的该'案例选编'格式进行编写。在编写'简要案情'时,要写清楚时间、地点、人物以及矛盾的尖锐性、复杂性;编写'非诉调解部分'时要反映调处过程中的反复性和处理的难度;在编写'社会效果部分'时既要围绕案情来写,又要总结出本案的特点。对编写的确认案例精选10个在每年年底前报送中院研究室,对不予确认、撤销确认和确认后当事人申请强制执行的案例要全部报送。"

5月15日,甘肃省社会治安综合治理委员会、甘肃省高级人民法院、甘肃省司法厅联合制定下发了《关于推行人民调解协议诉前司法确认机制的意见》,在全省推广"人民调解协议诉前司法确认机制"。

5月22日,省综治委、省高院、省司法厅在定西市召开"全省人民调解协议诉前司法确认机制现场会"。省委常委、省委政法委书记、省综治委主任、省公安厅厅长罗笑虎亲临会议并作重要讲话。省高院院长梁明远和省司法厅厅长王禄维对在全省推行该机制分别作了具体安排部署。市中院院长时春明在会上作了情况介绍。与会代表深入安定区法院内官法庭进行了实地考察。各市(州)中院院长、综治办主任、司法局局长参加了会议。最高法院司改办应邀派出付育出席了会议。《法制日报》驻甘站站长周文馨以及《人民法院报》《甘肃日报》等新闻单位的记者亦出席了会议。

5月24日,《甘肃日报》第2版以《罗笑虎在定西现场会上强调——积极推行调解协议诉前司法确认机制》为题作了报道。

5月25日,《甘肃法制报》头版头条以《我省推行人民调解协议诉前司法确认机制——经法院确认的调解协议可强制执行》为题作了报道。

是日,《定西日报》报眼以《全省人民调解协议诉前司法确认机制定西现场会指出——定西经验值得全省借鉴推广》为题作了报道。

5月27日,市中院下发了《关于对"人民调解协议诉前司法确认机制"改革试点工作进行总结的通知》,要求各基层法院按照市中院《实施方案》的要求,对试点两年多的"人民调解协议诉前司法确认机制"工作及时报送试点情况书面总结。

6月7日,《法制日报》驻甘站站长周文馨以题为《非诉调解与司法活动无缝对接——甘肃全省推行人民调解协议诉前司法确认创新机制》撰文在《法制日报》第2版进行了报道。

6月17日,记者潘静在《人民法院报》报眼报道了《甘肃全面推广"定西经验",诉前司法确认让调解之路越来越亮》。

6月20日至26日,市中院司法改革领导小组又一次深入各基层法院对"人民调解协议诉前司法确认机制"试点工作进行调研,在此基础上,按时向最高人民法院司改办报送了试点工作总结报告。

7月8日,新华社记者陈俊以《定西探索诉前司法确认机制有效化解矛盾》为题撰文在《内参选编》第26期进行了报道。

是日,河南省登封市法院党组副书记、副院长杨遂堂,登封市司法局副局长卢春和等一行7人,来定西法院考察学习"人民调解协议诉前司法确认机制"。

7月17日《甘肃法制报》头版发表了省高院院长梁明远访谈录《人民调解协议诉前司法确认机制——衔接法律与社会力量化解矛盾的平台》。

7月24日,最高人民法院公布了经中央批准的《关于建立健全诉讼与非诉讼相衔接的矛盾纠纷解决机制的若干意见》。该《意见》分为五个部分,其中第四部分为"规范和完善司法确认程序",全面总结吸纳了定西法院创新的"人民调解协议诉前司法确认机制"的经验和做法,由此使定西法院创新的"人民调解协议诉前司法确认机制"得以在全国推广。

7月28日,《人民法院报》发表了省高院院长梁明远的访谈录《人民调解协议诉前司法确认机制是合力化解矛盾纠纷的良好平台》。

8月10日,市中院向最高人民法院司改办报送了《甘肃省定西市中级人民法院关于多元纠纷解决机制改革试点工作总结》,对定西法院试点的以人民调解协议诉前司法确认机制为内容的多元纠纷解决机制的改革情况进行了全面总结。

是日，记者刘岚在《人民法院报》第 4 版发表《健全诉讼非诉衔接机制，鼓励各方参与纠纷解决》，在其背景资料中明确指出"甘肃省定西市中级人民法院探索诉前司法确认"。

8 月 11 日，兰州市城关区法院副院长鲁志发、赵战斌、姚胜利带领民商事审判庭庭长、人民法庭庭长共 22 人来定西中院考察学习人民调解协议诉前司法确认机制的实施运行情况。

8 月中旬，福建省厦门市中院副院长黄小民带领立案庭、民商事审判庭和研究室的负责同志，到兰州中院考察学习推行人民调解协议诉前司法确认机制的情况。

8 月中旬，《法制与社会》2009 年第 23 期发表了王浩华的文章《试论人民调解协议诉前司法确认机制的优越性》。

8 月 28 日，省高院院长梁明远在《甘肃日报》第 2 版发表《创新机制为大局服务立足解纷为人民司法》一文，他从创新在于突破制约人民调解的瓶颈、目标在于助力构建多元纠纷解决机制、实质在于便民利民彻底化解矛盾纠纷等三个方面对人民调解协议诉前司法确认机制进行了阐述。

9 月 19 日在省高院举办的庆祝甘肃省高级人民法院成立 60 周年《人民法官》主题文艺晚会上，人民调解协议诉前司法确认机制与"马锡五审判方式"一并以歌舞题材搬上了舞台。

10 月 22 日，最高人民法院在上海召开了建立健全诉讼与非诉讼相衔接的矛盾纠纷解决机制（ADR）试点法院座谈会。市中院院长时春明参加了会议，并以《继续探索人民调解协议诉前司法确认机制不断推进中国特色社会主义司法制度创新》为题作了重点发言。他的发言要点有：一是法院的司法改革必须立足于党和国家工作大局，必须立足于实现党和国家把矛盾纠纷彻底化解在基层、解决在萌芽状态的要求，必须立足于人民法院为人民、人民法官为人民的实际，必须立足于制度创新、不拘泥于现行法律有无规定；二是诉前司法确认机制创设主要是基于中国是一个传统文化特色非常浓厚的农业大国和矛盾纠纷绝大多数发生在普通老百姓之间的简单民事纠纷这样两个基本事实；三是定西法院首创的诉前司法确认机制与已为司法解释所明确规定的诉中司法确认以及司法 ADR 有着实质区别，是对"马锡五审判方式"的继承和发展，不仅是中国特色社会主义司法制度的重大创新，而且填补了世界司法制度的空白；四是从完善诉前司法确认程序并有必要对此单独作出司法解释或者立法、保障人民调解等非诉调解组织经费等十三个方面对《若干意见》提出了修改意见和建议。省法院研究室主任杨魏、市中院研究室副主任柴永祥亦出席了本次会议。

10 月下旬，《民主与法制》2009 年第 20 期发表了《纠纷化解在诉前》专题报道系列《诉前司法确认之定西样本》《发生在定西市的三个典型案例》《诉前司法确认制度的喜与忧》。

11 月 10 日，《定西日报》第 3 版以《司法为民的"定西创新"——甘肃省定西市实施"人民调解协议诉前司法确认机制"纪实》，对诉前司法确认机制进行了全面报道。

11 月 20 日，临洮县法院在县交警大队成立了交通事故巡回法庭，引入诉前司法确认机制，及时确认交警部门调解达成协议的道路交通事故赔偿案件。

11 月 26 日，最高人民法院在北京召开诉讼外纠纷解决机制与诉讼程序相互关系国际研讨会。最高人民法院副院长景汉朝出席会议并作讲话。中央政法机关代表、河北高院、吉林高院、定西中院等 14 个多元纠纷解决机制改革项目子课题成员单位代表以及外籍专家、欧盟项目官员参加了会议,市中院研究室副主任柴永祥出席了会议。会议期间,最高人民法院审委会委员、司改办主任卫彦明在与定西代表见面时讲:"在改革试点法院中,只有定西法院首创的'人民调解协议诉前司法确认机制'最符合我的思路,才算得上是一项真正的改革。"

是日,市中院研究室徐元学主任根据河北省廊坊市中院民一庭来电称该院党组决定学习该机制,请求提供相关资料,经请求时院长同意于当日将"人民调解协议诉前司法确认机制"的有关文件、资料和《案例选编》寄往该院民一庭,该机制在该市得以迅速推广。

12月9日,《人民法院报》第5版发表了最高人民法院司改办副主任、中国应用法学研究所副所长蒋惠岭的《我国ADR发展战略之分析》一文,他指出:"双方当事人可以持ADR调解协议向人民法院申请司法确认,从而获得与判决书相同的执行力,而这种制度即使在一些ADR比较发达的国家也没有采取。""ADR制度的这新发展完成了调解协议从'无效力—合同效力—执行力'的飞跃,解决了长期以来困扰ADR发展的瓶颈问题,为ADR发展注入了新的生命力。"

12月30日,定西法院率先在全国法院推行的"人民调解协议诉前司法确认机制",被《甘肃法制报》第8版"盘点2009感受甘肃法治进步的力量"活动中,以标题为《人民调解协议诉前司法确认"定西经验"引起最高法院关注》评定为第九个法治进步的力量。

12月31日,定西法院率先在全国法院推行的"人民调解协议诉前司法确认机制",被《定西日报》以新闻标题为《定西法院系统司法创新之举在全国引起关注——"人民调解协议诉前司法确认机制"上升到立法层面》评定为定西全市 2009 年十大新闻之七。

2010 年

1 月 11 日,中央政法委"政法综治要情信息"第 2 期以题为《甘肃省定西市试行人民调解协议诉前司法确认机制》一文,呈中央政治局常委、书记处书记、中央政法委员会委员和中央办公厅阅。

1 月 13 日,市中院院长时春明向定西市二届人大六次会议报告 2009 年全市法院工作时指出:"全市法院按照党和国家把矛盾纠纷彻底化解在基层、解决在萌芽状态的要求,深入推进诉前司法确认机制创新,得到了中央、省、市、县(区)以及乡(镇)领导的充分肯定、高度重视和大力支持,司法行政部门及人民调解等非诉调解组织和社会各界对此表现出了极大的热情并给予了全力配合、支持,取得了良好的法律效果、社会效果和政治效果。几十家省级以上主流新闻媒体先后进行了重头报道和评论,得到了广大人民群众的欢迎、支持和参与。2009 年共诉前司法确认案件 1691 件,占基层法院同期审结民商事案件总数的 22.8%,不予确认 3 件;确认案件除当事人申请强制执行并执结 18 件外,其余全部自动履行;办案期限最长的 5 天,最短的不到 2 小时,平均办案期限为 2 天。实践证明,该机制创新顺应了新形势下广大人民群众对司法的新要求、新期待,有利于减少当事人的诉累并节约司法资源,有利于人民调解等非诉调解工作与司法活动的无缝衔接,在人民法院与非诉调解组织之间架起了一座桥梁,在非诉调解工作与司法活动之间建立了一条纽带,在人民法官与广大人民群众之间畅通了一个感情沟通和提高司法公正认同度的渠道。2009年5月15日,省综治委、省高院、省司法厅联合制定下发了《关于推行人民调解协议诉前司法确认机制的意见》,同月22日三家联合在定西市召开了'全省人民调解协议诉前司法确认机制现场会',由此使该机制在全省得以推行。2009年7月24日,经中共中央批准发布的最高人民法院《关于建立健全诉讼与非诉讼相衔接的矛盾纠纷解决机制的若干意见》中,全面总结吸收了该机制创新的经验和做法,使该机制创新上升到了国家立法层面。因此,该机制创新从理论和实践两方面为完善我国乃至世界各国ADR作出了突出贡献。"

1月18日,《甘肃法制报》在"盘点2009全省综治工作'十大亮点'"中,把定西法院率先在全国法院探索并推行的"人民调解协议诉前司法确认机制"以题为《狠抓调解,全面推行司法确认机制》列为十大亮点之九。

2月26日,《人民法院报》头版"中国司法改革回眸"发文《改革纠纷解决机制——实现诉讼与非诉讼相互衔接》称"甘肃省定西市中级人民法院……先行改革探索"。

3月,最高人民法院司改办根据时任中央政法委书记2009年5月21日的指示,在对定西的"人民调解协议诉前司法确认机制"进行深入调研的基础上向中央政法委呈报了专题报告。报告包括三个方面:一是充分肯定,二是介绍做法,三是完善建议。中央政法委对此报告高度重视,时任中央政法委书记、孟建柱均作出批示,主要内容是:原则同意最高人民法院的报告,建议最高人民法院认真总结定西做法,加大指导力度,不断完善,并将定西经验做法纳入正在起草的"人民调解法"中。

5月13日，平凉市中院副院长冯海平带领该市司法局政治部、中院民事审判庭以及辖区基层法院的负责同志来定西法院考察学习"人民调解协议诉前司法确认机制"。考察组听取了定西中院和安定区法院关于开展人民调解协议诉前司法确认机制的情况介绍，参观了安定区法院内官营人民法庭，详细了解了该机制的运行情况。

5月18日，市中院与市司法局联合调研下发了《关于进一步完善人民调解协议诉前司法确认程序的通知》（定司法发〔2010〕31号），重点解决人民调解等非诉调解组织调解达成协议的案件进入人民法院诉前司法确认程序渠道不顺畅的问题。

5月24日至25日，经最高人民法院司改办推荐，浙江高院组织宁波、绍兴、金华、温岭等中、基层法院的有关负责同志来定西考察学习"人民调解协议诉前司法确认机制"。考察组在浙江高院研究室主任魏新漳的带领下，深入临洮县人民法院新添法庭和道路交通事故巡回法庭，仔细查看了确认案件卷宗，详细了解了两个法庭诉前司法确认机制的运行情况，并先后听取了临洮县法院、安定区法院和市中院关于开展诉前司法确认机制的情况介绍。考察中双方还围绕该机制的发展、完善进行了广泛、深入的探讨和交流。考察组认为：定西法院首创的诉前司法确认机制在制度设计上比较完备，在实践中有很强的操作性，许多案例已充分证明这项机制具有旺盛的生命力；对于法官年均办案200多件、"案多人少"矛盾非常突出的浙江省而言，推行这项机制，就可有效缓解办案压力，达到事半功倍的效果；诉前司法确认机制为浙江全省法院推进和完善诉讼与非诉讼相衔接的矛盾纠纷解决机制提供了有益的经验。

6月3日，武威中院副院长许宝善、张建宗带领有关部门的负责同志来定西中院考察学习"人民调解协议诉前司法确认机制"等工作。

6月12日，金昌中院副院长李兴文带领研究室等部门的负责同志来定西考察学习"人民调解协议诉前司法确认机制"等工作，定西市人大常委会副主任孙铭陪同考察。

6月17日，安定区法院成功确认了一起涉及外资企业的道路交通事故赔偿案件，为人民调解协议诉前司法确认机制的实践增添了新的内容。意大利某公司系在定西市安定区内官营镇境内的一家外资企业。2010年6月7日晚22时25分，该公司驾驶员驾驶甘J·52900号越野车行驶至安定区内官营镇东街什字时，与该镇瓦窑湾村瓦窑湾社农民岳某驾驶的无号牌两轮摩托车发生碰撞，致岳某死亡，两车不同程度受损。事发后，死者家属见肇事司机系外国人，便开始漫天要价，并声称如不答应其条件，就聚众上访。鉴于该案情况特殊，安定区交警大队及时与区法院联系，在多方的共同努力下，死者家属与意大利某公司最终达成赔偿协议，由意大利某公司一次性赔偿死者家属死亡补偿费、丧葬费、直系亲属的抚养费、精神抚慰金等费用共计14万元。协议达成后，为防止双方反悔，督促义务人及时履行协议，依双方当事人的申请，区法院当即对协议进行了诉前司法确认。确认后意大利某公司向死者家属给付了赔偿款。双方对这种快捷解决纠纷的方式都表示满意。

7月1日，全国人大常委会办公厅公布征求意见的《中华人民共和国人民调解法（草案）》采纳吸收了定西法院自2007年3月开始在全国首创的"人民调解协议诉前司法确认机制"。《草案》第30条规定："经人民调解委员会调解达成的具有民事权利、义务内容的调解协议,当事人可以自调解协议书生效之日起 30 日内共同向有管辖权的人民法院申请司法确认。人民法院应当及时对调解协议进行审查,依法确认调解协议是否合法有效。""经人民法院确认合法有效的调解协议书,一方当事人拒绝履行或者未全部履行的,他方当事人可以向人民法院申请强制执行。"这预示着这项机制创新即将正式上升为国家法律。

7 月 2 日,省高院院长梁明远在全省法院院长暨队伍建设工作会议上讲话指出:"加大人民调解协议诉前司法确认机制在全省法院的推广力度,推动此项工作取得实效";"人民调解协议诉前司法确认机制调顺了矛盾,调顺了民心,调顺了党的司法政策"。

7 月 2 日至 3 日,在全省法院院长会议暨全省法院队伍建设工作会议上,定西中院作了题为《深入推行诉前司法确认机制着力维护社会和谐稳定》的经验交流。

7 月 5 日至 6 日,酒泉市中院副院长常生辉、郝选带领民一庭、民二庭、民三庭庭长及七个县(区)法院的副院长、民一庭庭长来定西考察学习"人民调解协议诉前司法确认机制"。考察组在市中院院长时春明及有关部门负责人的陪同下,仔细查看了诉前司法确认案件卷宗,详细了解了诉前司法确认机制的运行情况,并听取了市中院关于开展诉前司法确认机制的情况介绍。考察中双方围绕该机制的具体操作、发展、完善及推广进行了广泛、深入的探讨和交流。考察组充分肯定了定西中院在诉前司法确认机制创新方面取得的重大成就,表示对学习取得的经验和做法尽快落实到酒泉全市诉前司法确认工作中。

7 月 8 日,《定西日报》报眼以《定西首创的"诉前司法确认机制"写入了人民调解法草案》为题对诉前司法确认机制写入人民调解法草案的情况率先进行报道。

7月12日,针对6月4日、6月29日《人民法院报》刊登的《司法确认：化解矛盾渐入佳境》《"东方经验"再升华：从民约到法律》两篇将"司法确认"介绍为"'廊坊经验'创新调解工作十大机制之一"的不实报道,市中院院长时春明致信《人民法院报》倪寿明总编,详细阐述了定西法院自2007年3月就开始试点"人民调解协议诉前司法确认机制"至"司法确认"被写入《人民调解法草案》的整个过程,重点声明"人民调解协议诉前司法确认机制"确系定西法院首创的不容置疑的历史事实。

是日,《甘肃法制报》第1版以《定西"诉前司法确认"被纳入人民调解法(草案)》为题对"人民调解法"草案正式吸纳始创于定西法院的诉前司法确认机制的情况进行了报道。

7月19日,《人民法院报》头版头条以《为群众开辟一条便利高效快捷的维权路——渭源法院诉前司法确认机制见成效》为题,对渭源县法院开展诉前司法确认机制的情况作了报道。同日,中国法院网头条进行了转载。

是日,河南省郑州市惠济区人大常委会副主任司占中,法院党组书记、院长蔡理亮,人大常委会法工委主任陈英伟,法院副院长刘治灿及立案庭庭长、研究室主任一行来临洮县法院调研人民调解协议诉前司法确认机制的实施情况。临洮县人大常委会副主任张霞,法院党组书记、院长杨学东,人大常委会法工委主任刘建龙陪同调研。调研中,司占中主任谈到,两地法院的案件在性质和处理方式上都很接近,这次来的主要目的就是学习交流诉前司法确认机制的理论创新与实践经验;蔡理亮院长认为，诉前司法确认机制是解决当前基层法院案多人少、信访压力大的一种好方法，是真正实现多元矛盾纠纷解决的一种新途径。

7月27日至28日，山东省菏泽市中院党组副书记、副院长宋展带领诉前调解室、民一庭、民三庭、研究室、审委会办公室、机关党委等部门负责人到渭源县法院考察学习人民调解协议诉前司法确认机制。交流中，宋展副院长称定西首创的这项机制有力推动了"全民大调解"，并表示要将学习取得的经验尽快落实到菏泽市两级法院的司法实践中。

7月30日，《法制日报》第4版"视点"栏目刊登记者周文馨、通讯员赵志锋的文章《甘肃定西首创"诉前司法确认机制"写入人民调解法（草案）——独家披解地方经验入"法"的前前后后》，对定西法院创设"人民调解协议诉前司法确认机制"的整个经过进行了详细报道。同日，法制网头条进行了转载。

8月3日，永靖县法院党组书记、院长张得胜带领全体班子成员及立案庭、民一庭、民二庭、人民法庭庭长等16人来定西中院考察学习人民调解协议诉前司法确认机制的开展情况。

8月28日，第十一届全国人民代表大会常务委员会第十六次会议通过的《中华人民共和国人民调解法》，采纳了定西法院自2007年3月创新推行的"人民调解协议诉前司法确认机制"。该法第33条规定："经人民调解委员会调解达成调解协议后，双方当事人认为有必要的，可以自调解协议生效之日起30日内共同向人民法院申请司法确认，人民法院应当及时对调解协议进行审查，依法确认调解协议的效力。人民法院依法确认调解协议有效，一方当事人拒绝履行或者未全部履行的，对方当事人可以向人民法院申请强制执行。人民法院依法确认调解协议无效的，当事人可以通过人民调解方式变更原调解协议或者达成新的调解协议，也可以向人民法院提起诉讼。"这一规定将诉前司法确认机制正式法律化。

9月1日，《定西日报》报眼和《甘肃法制报》头版头条分别对"人民调解协议诉前司法确认机制"正式写入《中华人民共和国人民调解法》，由此实现诉前司法确认机制的法律化进行了报道。

9月3日，经市委批准，市中院组织召开"人民调解协议诉前司法确认机制法律化座谈会"。省高院研究室主任杨魏、宣传处副处长翟荣生，市委政法委副书记宋世豪，市人大常委会法制工作委员会主任张绪及市委宣传部、市政府法制办、市司法局的有关领导出席座谈会；中央及省、市新闻媒体记者《光明日报》驻甘肃记者站站长陈宗立、《法制日报》驻甘肃记者站站长周文馨、《法制日报》驻甘肃记者站编辑部主任赵志锋，《人民法院报》驻甘肃记者站站长潘静，《甘肃日报》驻定西记者站站长王雨，甘肃省电视台法制视线栏目制片人王娟，《甘肃法制报》社会新闻部主任金芙蓉，《定西日报》编辑部主任高继宗，定西电视台记者李军林等应邀参加座谈会；基层人民调解组织负责人及诉前司法确认案件当事人代表也参加了座谈会。座谈会之前，参会人员在安定区法院内官营法庭对2件诉前司法确认案件进行了现场观摩。座谈会上，市中院副院长安永刚介绍了定西法院创新诉前司法确认机制的经过；与会人员围绕诉前司法确认机制创新的艰难历程、在化解矛盾纠纷中的积极作用以及写入《中华人民共和国人民调解法》之后的深远意义等内容进行了座谈，对诉前司法确认机制从不同角度和侧面给予了充分肯定；最后市中院党组书记、院长时春明作了题为《司法改革任重道远，机制创新永无止境》的讲话。

9月9日，《法制日报》第4版以《定西诉前司法确认机制写入人民调解法》为题、《定西日报》第2版以《定西一项基层司法创新上升为国家意志》为题分别对诉前司法确认机制写入《人民调解法》的情况进行了报道。

9月28日，最高人民法院司改办、重庆市第五中级人民法院、西南政法大学在重庆联合召开民事调解协议司法确认程序研讨会。市中院院长时春明应邀参加研讨会，并围绕人民调解协议诉前司法确认机制的性质和特点作了重点发言。

论人民调解制度的实效化[4]

基层的稳定对于中国社会的整体稳定具有决定性意义。社会矛盾能否得到有效化解与基层的稳定状况存在正比例关系。尽管当前的人民调解已不如20世纪80年代末之前那般大放异彩，但其化解民间纠纷的表现依然与民事诉讼平分秋色、不相上下。当前正如火如荼推行的诉调对接机制和大调解机制正是国家在社会转型关键期重新理性认识人民调解的价值并适时作出政策调整的产物。《人民调解法》施行后，从具体层面找寻到以基层为主要作用领域的人民调解之实效化的途径，不仅有利于诉调对接机制和大调解机制的构建与完善，而且有利于更为

---

[4] 作为笔者项目的阶段性成果，本部分曾发表于《法商研究》2013年第4期，此处文字略有调整。

妥当地化解社会矛盾和提高基层治理的良善化水平，进而确保基层发挥整个中国社会之稳定器的作用。此外，《人民调解法》的施行将对人民调解学、民事程序法学和纠纷解决学的发展产生极大的推动作用，这三个学科能否把握住这一难得的发展契机在很大程度上取决于相关理论研究能否取得面向当前中国实际问题的实质性进展。从基本前提、中心环节、重要条件和根本保证四个方面对人民调解的实效化进行面向实践的具体性研究，可以让人民调解学、民事程序法学和纠纷解决学的内容与结构更为科学、更为充实、更具有务实性和实践指导性。

一、基本前提：形式性法律渊源的上位化与细则化

作为促进基层治理、维系基层秩序的策略性安排，中华人民共和国的人民调解制度虽然留存着不少传统的烙印且可借助历史回溯找到传统资源，但其不构成对相关传统资源的直接承继。人民调解的制度化程度与其实效化水准密切相关，在"过犹不及"或"矫枉过正"的红线之下，人民调解的制度化程度越高，其实效化水准就越高。

中华人民共和国人民调解的制度化始于 1954 年 3 月 22 日政务院发布《人民调解委员会暂行组织通则》（共 11 条）。该法规依次明确了人民调解委员会的群众性定位、受案范围、设立、工作原则（其中明确强调人民调解不是诉讼的必经程序）、工作纪律和工作方法，首次在全国范围内以法规的形式对人民调解制度予以确立。1979 年通过、后历经 1983 年、2006 年、2018 年三次修改的《人民法院组织法》（第 25 条）借改革开放后大规模立法的序幕拉开之机，以宪法相关法的形式、从界定基层法院之审判外职能的视角对人民调解制度予以规定。1982

年 3 月 8 日颁布的《民事诉讼法(试行)》第 14 条(1991 年《民事诉讼法》第 16 条对该条进行了略有补充的重述)首次在程序基本法层面对人民调解委员会的群众性定位、受案范围以及人民调解与民事诉讼的关系予以规定，使得人民调解制度被笼统的划归程序法序列的规范依据不再匮乏，进而使得人民调解制度在那个注释法学占主导且作出不可磨灭之贡献的时代得以进入程序法研究的视野。1982 年 12 月 4 日颁行的《宪法》第 111 条将人民调解制度作为基层自治的组成部分予以纳入，并通过人民调解委员会与居民委员会或者村民委员会之间的隶属关系传递式的、如既往般的对其性质进行群众性的宪法定位。

在 2011 年之前，1985 年《继承法》(第 15 条)、1987 年《村民委员会组织法(试行)》(第 2 条)、1989 年《城市居民委员会组织法》(第 3、13 条)、1994 年《劳动法》(第 79、80 条)、1996 年《老年人权益保障法》(第 41、45 条)、1998 年《村民委员会组织法》(第 2 条第 2 款、第 25 条)、2001 年修正的《婚姻法》(第 43 条第 1 款、第 44 条第 1 款)、2007 年《突发事件应对法》(第 21 条)、2007 年《劳动争议调解仲裁法》(第 2 章)、2009 年《农村土地承包经营纠纷调解仲裁法》(第 2 章)和 2010 年修正的《村民委员会组织法》(第 2 条第 2 款和第 7 条)等法律尽管都对人民调解制度有所涉及，但整体上呈现出条文明显偏少、内容极为简略、规制过于粗陋的特征，人民调解制度在形式性法律渊源方面不得不长期严重依赖 1989 年国务院颁行的《人民调解委员会组织条例》(共 17 条)和 2002 年司法部颁行的《人民调解工作若干规定》(共 45 条)为代表的行政法规、部门规章以及更低级别的规范性文件，有关人民调解制度的基本立法在新中国成立后的 61 年里一直处于缺位状态。2011 年春,中国特色社会主义法律体系宣告形成,其"诉讼与非诉讼程序法"部分的法律有刑事诉讼法、民事诉讼法、行政诉讼法、仲裁法、人民调解法、引渡法、海事诉讼特别程序法、劳动争议调解仲裁法、农村土地承包经营纠纷调解仲裁法和公证法 10 部。可以说,2011 年元旦方才施行的《人民调解法》(共 6 章,35 条)赶搭的是法律体系宣告形成前的末班车,堪称法律体系宣告形成前在"法律"这一层级的收官之作。从官方通稿的介评顺序与所用篇幅看,制定时间最晚的《人民调解法》在"诉讼与非诉讼程序法"部分位列第五,仅次于三大诉讼法和仲裁法。

值得指出的是,《人民调解法》的制定并不只是或者并不主要是为了达致在法律体系宣告形成前拥有基本立法的梦想。从解纷总量这一指标来看,人民调解在经历 20 世纪 80 年代的辉煌之后便滑入了衰落的境地,其在世纪之交更是深陷难以自救的谷底,其面临的严峻态势令人深深忧虑。但伴随着国家力量陆续在农村基层和城市基层的大幅撤出导致基层秩序之维系的正式机制短缺以及诉讼万能主义的破产导致"诉讼不是正义的别名"之观念的渐入人心,拥有"纵向到底,横向到边"之网络、多元可靠之信息渠道和应对迅捷之触角的人民调解以能够把矛盾纠纷"解决在当地、解决在基层、解决在萌芽状态"三大优势再次作为基层治理的法宝被公共政策青睐。这种青睐在 2002 年就集中体现在 9 月 5 日最高人民法院出台《关于审理涉及人民调解协议的民事案件的若干规定》(以下简称《涉人民调解协议案件规定》)、9 月 26 日司法部发布《人民调解工作若干规定》和 9 月 24 日中共中央办公厅、国务院办公厅转发最高人民法院、司法部《关于进一步加强新时期人民调解工作的意见》

这三个文件，最后一个文件的特殊之处在于其发布者，该特殊之处说明执政党和政府的最高层视人民调解为基层秩序重构者的鲜明立场与坚定态度，重新振兴人民调解不再只是司法行政系统和法院系统的个别责任，之后越来越多的权力部门（如财政部、公安部、民政部）或深或浅的参与到人民调解制度化的过程当中。

治理政策的变迁恰恰说明推动《人民调解法》制定的主要力量不是源于自下而上的实践需求，而是源于自上而下的政治期待。由于执政党和行政序列的最高层是中央政法委、国务院法制办、最高人民法院、司法部、民政部、全国总工会、全国妇联、中国消费者协会等立法所涉之部门的利益来源和意志左右者，所以从 2009 年 4 月司法部将《人民调解法（草案送审稿）》报请国务院审议到 2010 年 5 月国务院将《人民调解法（草案）》提请全国人大常委会审议再到历经全国人大常委会 2010 年 6 月、8 月两次审议后获得表决通过，《人民调解法》"在立法中受到的关注和遭遇的正面反对不多，立法过程之短、通过之顺利并不多见"[5]。政治任务关照下的立法过程的短暂与进展顺利，没能使草案起草者在谋求人民调解之准司法化、精英化背后的扩权冲动以及付诸的举措得到很好的抑制与剔除，没能为自觉改造传统调解的不足（如过于偏好调解者的中立色彩）和主动学习现代调解的长处（如调解不公开进行原则）提供足够的时间保证与交涉机会。《人民调解法》所带之浓重的妥协、折中痕迹和对很多细节关注不够的内容设计（如民间纠纷的具体范围）不得不为效力下位的细则出台预留了很大的空间，这些必然会

---

〔5〕 范愉：《〈中华人民共和国人民调解法〉评析》，载《法学家》2011 年第 2 期，第 2 页。

呈现出区域差异与地方特点的下位细则若有幸不构成对《人民调解法》的突破或否定，可为人民调解的实效发挥乃至更大化增加有益的制度供给。

《人民调解法》的出台有助于人民调解轻装上阵、单兵突进地有效化解民间纠纷，其以立法实例的方式客观地宣告了在更大覆盖面上制定《民间调解法》和《非诉讼调解法》这种统一规制的思路遭遇未来很长一段时间内都不会改变的搁浅，但其没有放弃对其他类型民间调解的统合尝试，其第 34 条开放性的规定"乡镇、街道以及社会团体或者其他组织根据需要可以参照本法有关规定设立人民调解委员会，调解民间纠纷"。此一规定扩充了人民调解委员会的设立主体和人民调解组织的类型，使《人民调解法》具备了"授权法"和"兼容并蓄"的特点，可暂时填补其他类型的民间调解无基本立法的空缺，有利于更充分的激发创新人民调解模式的动力并形成人民调解多元并行的格局。可以预计，人民调解组织以外的其他类型民间调解组织会积极充分的利用《人民调解法》的授权名义和参照设计，各自为战多于相互配合的制定细则。这些特点各异、效力不一的细则若可找到避免相互折损、恶性竞争的途径，将会使其他类型的民间调解组织以合力的方式与基层自治组织设立的人民调解组织一道向程序利用者和社会公众展示人民调解的优势与魅力所在。

经过以上对制度史的精细梳理可知，从 1954 年的《人民调解委员会暂行组织通则》到 2011 年实施的《人民调解法》，人民调解制度之形式性法律渊源的上位化历程可谓"历时漫长，前缓后急，粗略依旧"。为最大限度实现人民调解的实效化，上位化的历程可因专门法典的制定而暂告一段落，但以科学、理性为指向的细则化的步骤宜刻不容缓的继续展开。

二、中心环节：人民调解员的遴选就低化与培训实质化

《人民调解法》第 13 条规定："人民调解员由人民调解委员会委员和人民调解委员会聘任的人员担任。"与 1954 年《人民调解委员会暂行组织通则》第 5 条和 1989 年《人民调解委员会组织条例》第 3 条的狭义界定不同，此一规定与 2002 年《人民调解工作若干规定》第 2 章保持一致，使人民调解员的外延包括但不限于人民调解委员会委员。关于人民调解员的遴选条件，《人民调解法》以"公道正派"为其道德条件，以"热心人民调解工作"为其工作积极性条件，以"具有一定文化水平、政策水平和法律知识"为其业务条件，以"成年公民"为其行为能力条件。由人民调解员之遴选条件变迁一览表可知：(1) 人民调解员的道德条件和工作积极性条件一直未发生实质性变化，尽管措辞上存在微小的差异。(2) 业务条件经历了从无到有、从低到高再到略有回落的过程，并且一直具有模糊、相对的特征。(3) 行为能力条件虽未被《人民调解委员会暂行组织通则》和《人民调解工作若干规定》所规定，但考虑到人民调解事务相对于一般事务的复杂性和对人民调解员之心智成熟程度的更高要求，行为能力条件在遴选实践中应无疑问的被当成事实性条件来对待。(4) 决策者视人民调解为基层治理重要手段的政治定位使人民调解不可能不镶嵌或吸附在基层自治制度中，《人民调解法》因此而立场鲜明地坚持并重申现行《宪法》对人民调解的群众性定位，人民调解员的遴选条件进而因此没有必要和此前做法一样包括"联系群众"这一条件。

表附-3　人民调解员之遴选条件变迁一览表

形式性法律渊源	人民调解员的遴选条件
《人民调解委员会暂行组织通则》第5条	政治面貌清楚；为人公正；联系群众；热心调解工作者
《人民调解委员会组织条例》第4条	为人公正；联系群众；热心人民调解工作；有一定法律知识和政策水平；成年公民
《人民调解工作若干规定》第14条	为人公正；联系群众；热心人民调解工作；具有一定法律、政策水平和文化水平；乡镇、街道人民调解委员会委员应当具备；高中以上文化程度
《人民调解法》第14条	公道正派；热心人民调解工作；具有一定文化水平、政策水平和法律知识；成年公民

对人民调解进行司法化、专业化改造，如要求"充分发挥退休法官、检察官、警官、律师、公证员等法律工作者以及相关领域专家、学者的专业优势"，必然会带来对人民调解员之文化程度、法律理论水平和法律应用水平的强调，必然会带来"学历崇拜"这一浮躁、功利之社会观念对人民调解工作的冲击与渗透。基于此，"人民调解极为不容乐观的文化程度构成人民调解衰落的原因"[6]和"尝试区域性或全国性的人民调解员任职资格考试，最终将其与国家统一司法考试并轨"的观点一度深入人心并至今仍有一定市场；也正是基于此，《人民调解工作若干规定》才会犹抱琵琶半遮面、纠结尽显地单独将乡镇、街道人民调解委员会委员的文化程度拉高到"高中以上"。殊不知，人民调解员的解纷能力更多地取决于其群众威望和调解技能，与其学历水平之间不构成正比例相关。原因在于，能够取信于人的群众威望主要依赖于长期待人处事过程

---

[6] 周望：《转型中的人民调解：三个悖论》，载《社会科学》2011年第10期，第105页。

中的良善言行,能够符合预期的调解技能主要依赖于相关生活经验的积累与相关处理实践的历练,以学校教育为基点的学历水平对群众威望和调解技能可产生的提高作用很小。大国是我国的基本国情,城乡差异以及东部与中西部之间的差异整体上很大且短期内无法得以有效的缩小,对文化水平高低的认知与评价具有相对性。《人民调解法》若将人民调解员的学历条件统一成"高中以上"或继续拉高,将会极大地削减人民调解员来源的途径,把能够胜任人民调解工作但文化程度偏低的人员不当地排除出去,侵蚀人民调解的普遍参与性,人民调解悬浮于基层之上而非扎根于基层之中的局面就会形成,法律职业对人民调解的挤压与同化就会加剧,人民调解在纠纷解决机制内部的独立地位就会遭到动摇与质疑。采"就低不就高"的策略,《人民调解法》将人民调解员的学历条件不超越我国基本国情的适时下拉,虽会使草根指向的基层人民调解组织与高端指向的行业性、专业性、跨区性人民调解组织二元格局的继续并存以及人民调解员之构成复杂分层的矛盾难以消除,但可通过确保人民调解网络的广阔覆盖性和普遍参与性来使人民调解的实效化纵向获得可观的基本面。

"事小、量多、面广、复杂、易反复多变(或突变)"[7]是人民调解化解的民间纠纷之传统特点。社会转型的全面与加速、利益格局的复杂与重调和社会结构的裂变与重建使得人民调解针对的纠纷类型"逐渐从传统的婚姻家庭、邻里关系、小额债务、轻微侵权等常见、多发的矛盾纠纷,向土地承包、拆

---

[7] 江伟、杨荣新主编:《人民调解学概论》,法律出版社1990年版,第102页。

迁安置、环境保护、医患纠纷等社会热点、难点纠纷领域扩展"[8]。尽管人民调解化解的社会热点、难点纠纷迄今在年度统计意义上尚不具备单独设项的规模,但这一绝非空穴来风的官方判断足以提醒人民调解除应居安思危的巩固好传统性解纷范围外,还应未雨绸缪地做好向崭新性解纷范围快速拓进的准备。任何一种纠纷解决机制的存续资格都取决于其对拟化解之纠纷的适应性,面对传统性解纷范围的巩固压力和崭新性解纷范围的应对困难,在立法设定"就低不就高"的人民调解员遴选条件面前,注重内部挖潜的提高人民调解员的解纷能力成为最可靠的路径,培训则是这一路径的基本形式。然而,以往对人民调解员的业务培训整体上主要存在如下缺陷:(1)偏重对政策和法律法规的笼统解释而疏于对调解技能和成功经验的展示与分享;(2)缺乏通俗易懂、深入浅出以及有用性与精彩性兼具的培训形式;(3)培训时间短促、培训次数偏少、培训效果难以检测。对人民调解员的业务培训因为这些缺陷的长期存在与一体存在而具有极为浓厚的形式化色彩,这种短时无法减少的形式化色彩使对人民调解员的业务培训成为"官方不愿组织,培训者不想认真,人民调解员不愿参加"的尴尬事项,本来就已捉襟见肘的培训资源就这样令人惋惜地被浪费。人民调解中人的因素最为重要,调解者的因素则是重中之重。为彻底扭转业务培训流于形式的现状以切实提高人民调解员的解纷能力,"将培训业务有针对性的外包给市场化、社会化的培训机构"和"采取现场分享、材料报道等因地制宜的方式最大化模范人民调解员的榜样作用"是当前作为业务培训之官方责任主

---

[8] 扈纪华、陈俊生主编:《中华人民共和国人民调解法解读》,中国法制出版社2010年版,第2页。

体的县级司法行政部门应果断采取的可行之策。

三、重要条件：经费保障之国家责任的中央化与长效化

根据2007年财政部、司法部《关于进一步加强人民调解工作经费保障的意见》(财行〔2007〕179号)的规定，人民调解工作经费包括司法行政机关指导人民调解工作经费、人民调解委员会工作补助经费和人民调解员补贴经费三部分。1954年《人民调解委员会暂行组织通则》对人民调解是否收费未予以规定，但实践中的人民调解一直坚持不收费的传统。1989年《人民调解委员会组织条例》第11条和《人民调解工作若干规定》第8条均明确规定了人民调解不收费制度。为吸引纠纷当事人愿意并主动利用人民调解以便基层矛盾纠纷能够被早发现、早化解，也为避免"不交费不受理，不交费不调处"的现象导致基层矛盾纠纷被搁置、扩大化、复杂化，以及为消除收费机制下相关机构与人员无法抑制的权力寻租动机，《人民调解法》第4条亦坚持人民调解"不收取任何费用"这一基本制度不动摇。此一规定视人民调解为公共服务的制度重申尽管不会对市场化的民间调解组织构成限制或致命打击，但态度明确的对采取市场机制来保障人民调解之工作经费的方案予以否定。

人民调解的风光不再与经费保障不足密切相关。人民调解组织锐减、人民调解员流失严重、人民调解功能日渐萎缩是人民调解之工作经费保障不力的必然后果。单纯的精神嘉许和微不足道的物质补贴在市场经济意识深入人心、公益理念尚极不普及的时代无法对人民调解员形成实质性激励，时有时无、时多时少甚至长期短缺的保障经费使得人民调解以组织化的方式化解民间纠纷越来越难直至形同虚设。在《人民调解法》制定之

前,"谁设立谁负责"一直是确定人民调解工作经费保障之责任主体的原则。"近年来,由于县乡机构改革、税费改革和取消农业税等措施的实行,村(居)委会一级已经没有了经费收入,所需费用由县级财政直供。"[9] 县级财政的整体不理想以及费用下移过程中的成本支出使得作为人民调解委员会之主要设立主体的村民委员会和居民委员会所获得的经费普遍性的存在很大缺口,人民调解工作经费的保障由此遇到需采取系统性、复杂性及长期性政策调整方能克服的客观困难。既然市场化的收费机制已被立法所放弃,来自国家的外在输血成为解决这一客观困难的途径。所以,《人民调解法》第6条前半部分采用"国家鼓励和支持人民调解工作"的表述来展示人民调解工作经费保障的国家责任,但这种国家责任的确定并不意味着设立单位之经费保障责任的免除[10]。换而言之,《人民调解法》第6条和第12条的配合设计形成了国家和设立单位共同承担人民调解工作经费之保障责任的二元格局,这种格局的初步形成虽不能意味着对"谁设立谁负责"原则的彻底放弃,但足以构成对其的重大修正,"谁受益谁负责"的原则雏形已具、呼之欲出。从条文用语和官方解释中皆无法判断出何者应对人民调解工作经费的保障承担主要责任。考虑到当期国家财力的良好状况、设立单位普遍的有心无力或力不从心以及重振人民调

---

[9] 王胜明、郝赤勇主编:《〈中华人民共和国人民调解法〉释义》,法律出版社2010年版,第24页。

[10] 《人民调解法》第12条规定:"村民委员会、居民委员会和企业事业单位应当为人民调解委员会开展工作提供办公条件和必要的工作经费。"乡镇、街道以及社会团体或者其他组织参照设立人民调解委员会的,亦应按照该规定承担经费保障责任。

解的紧迫性,笔者认为,国家应尽可能多的对人民调解工作经费的保障承担主要责任。

国家责任的承担有中央单独承担、地方单独承担和中央与地方共同承担三种模式。《人民调解法》第6条后半部分"县级以上地方人民政府对人民调解工作所需经费应当给予必要的支持和保障"除对人民调解工作经费之保障的内容与限度作出规定外,还创造性的对其责任主体为县(市、区)、市(地、州)、省(自治区、直辖市)三级地方政府予以明确。依规范解释的思维,可以直观且轻易的认定人民调解工作经费保障的国家责任走的是地方化而非中央化的实现途径。这种责任具体化的路径在当前乃至将来需要借助间接性的中央化才能得到很好的实现。原因在于,1994年开始且至今仍在持续、以中央收取"西瓜税"和地方收取"芝麻税"为外观的分税制改革造成的收入上收效应在各级地方政府间层层传递,中央财政不得不使用转移支付的手段来弥补税收向上集中效应给地方财政带来的不断扩大的缺口。"由于转移支付的分配存在区域间的不平衡,使得地区间的财力差距不但没有越来越小,反而呈现出逐渐拉大的趋势。东部地区靠工业化、西部地区靠中央补助使得人均财力都有明显而迅速的增长,唯有中部地区基层政府、尤其是县乡政府的人均财力增长缓慢,也与东部与西部的差距越来越大。"[11] 人口稠密、以农业为主、基层矛盾纠纷此起彼伏的中部地区对包括人民调解在内的公共服务有着强烈需求,本已吃紧的地方财政肯定会考虑轻重缓急而量入为出,即便被立法规定为硬性责任,人民调解工作经费的保障也不会得到应有的关

---

[11] 周飞舟:《分税制十年:制度及其影响》,载《中国社会科学》2006年第6期,第114页。

照、拖延、截留、挪用、挤占此部分经费的情形注定不只是个例。不同地区在经费保障层面的差异直接导致人民调解实践的发展不平衡：或如火如荼，或表现平平，或勉强维持，或销声匿迹。在三级地方政府中，县级政府对人民调解工作负有最直接的经费保障责任。时常拆东墙补西墙、长期疲于应对、多以"吃饭财政"为很高目标的当前县级财政整体上的不理想，反向的导致人民调解工作经费保障的国家责任承担逐步走向中央化，这一变化在地方财政没有得到较为理想的改观之前会一直持续下去。中央化的责任承担方式必然带来对中央专项资金转移支付的强烈渴求，用途被严格限于提供公共服务的专项资金成为了地方政府保障人民调解工作经费的救命稻草。中央专项资金需经过"层层往上申请到评估、批复再到层层往下拨付"的复杂程序，但分配的随意性很大，"跑部钱进"成为地方财政特别青睐的创收手段和地方政府的硬性考核指标。"这种风气和做法使得专项资金的分配流向那些能找会跑、能哭会叫的地区，而最需要的地区往往得不到足够的专项补助。另外更加严重的是，这种做法会加重设租寻租、找熟人拉关系的不正之风，对政府内部的行为模式会造成严重的危害。"[12] 常识性的财政原理告诉我们，专项资金的规模越大，地方财政的预算空间和变通空间就会越小，地方政府促进公共服务的意愿和改善基层治理的积极性就越小。争取专项资金的过程中无法节省的成本支出和专项资金下拨后地方政府由于资金使用约束严格而很可能出现的漫不经心与应付了事，会联合致使人民调解工作经费保障的实际效果接连打折。只有将人民调解工作经费列入

---

[12] 周飞舟：《转移支付何以解救县乡财政》，载《南风窗》2006年第5期（下），第21页。

旨在"保运转"（包括保证司法行政机关对人民调解的有效指导）、分配更为合理的一般性财力补助的范围，并辅之能够有效防止资金滥用的可行机制，才能使其借助中央财政的转移支付实现有力的保障。

四、根本保证：司法确认程序的备胎化与谦抑化

即时履行、自动履行是人民调解的传统特色和主要优势。人民调解协议之自动履行率动辄逼近或超过95％的官方统计数据尽管让人持有无法消除的怀疑，但足以让人确信人民调解协议之自动履行率比较稳定地维持在一个很高的水平，进而能够让人得知人民调解协议的反悔率远远没有达到可让"自动履行"这一人民调解之传统特色与主要优势受到实质性侵蚀的程度。不管当事人出于何种原因对人民调解协议反悔，都会造成民间纠纷经由人民调解解决的"功败于垂成"，让相对方当事人从"希望之巅"猛然跌入"失望之谷"，人民调解资源的无端耗费和人民调解员工作热情的挫伤都会由此发生。在诚信遭遇普遍危机和信任遭遇严重缺失的社会环境中，"一粒老鼠屎会糟蹋一锅汤"的担心会轻易的导致人民调解协议非自动履行的消极后果被过度放大和不当高估。长久以来，这种立场可以理解但感性明显多于理性的估测颇有市场，以至于人民调解协议的效力被认定为人民调解的最大制度难题之一。为解决这一难题，最高人民法院2002年发布的《涉人民调解协议案件规定》第1条规定：经人民调解委员会调解达成的、有民事权利义务内容，并由双方当事人签字或者盖章的调解协议，具有民事合同性质。人民调解委员会的介入和积极作用使人民调解协议与一般民事合同区别开来。基于人民调解协议与一般民事合同不能简单等同的认识,《涉人民调解协议案件规定》对人民调解协议的效力定位使用了"具有民事合同性质"这一似是而非、模糊不清的表述。《人民调解法》第31条第1款采用与《合同法》第8条第1款相同的表述,将人民调解协议的效力界定为"具有法律约束力"。何为法律约束力以及法律约束力与合同效力之间是否存在本质差别,迄今仍存在解释上的分歧。为藉此提高人民调解协议的效力层次和人民调解的法律地位,司法行政机关和部分学者倾向于把法律约束力解释为高于合同效力[13];为保证人民调解的民间性得以完美回归并有效遏制人民调整的司法化倾向,部分学者认为"具有民事合同性质"的表述和"具有法律约束力"的表述"在内涵上并未发生实质性的改变"[14],没必要一味的刻意强调人民调解协议的效力与合同效力的不同。其实,不管采取哪种立场来解释何为法律约束力,人民调解协议都不能直接成为强制执行的根据,人民调解协议之效力刚性不足的特点都不会消失。

在地方试点经验和司法解释的基础上,《人民调解法》第33条规定了人民调解协议司法确认程序,随后最高人民法院于2011年3月发布《关于人民调解协议司法确认程序的若干规定》,旨在通过人民调解与诉讼无缝对接的方式来提升人民调解协议的效力,为具有确定给付内容的人民调解协议转化为执

---

[13] 如肖建国教授认为,合同效力只是人民调解协议的底线效力,法律约束力包括高于合同效力的其他法律效力。具体可参见胡钥:《肖建国:人民调解协议具有法律效力》,载《人民日报》2010年9月15日,第18版。

[14] 赵钢:《人民调解协议的效力辨析及其程序保障》,载《法学》2011年第12期,第77页。

行根据提供了程序机制,可以潜在地倒逼义务人一方自动履行。尤其需要强调的是,在人民调解协议达成后才能启动的司法确认程序绝对不是人民调解协议生效的前置程序,因为根据《人民调解法》第 29 条第 2 款和第 30 条的规定,书面的人民调解协议自各方当事人签名、盖章或者按指印以及人民调解员签名并加盖人民调解委员会印章之日起生效;口头的人民调解协议自各方当事人达成协议之日起生效。人民调解的实效化必须更多的依赖于人民调解协议的自动履行,而不能更多的寄希望于司法确认程序及其之后的强制执行程序。原因一方面在于,司法确认程序的适用比率与社会诚信度以及基层治理良善化水平高低之间存在反比例关系。司法确认程序的适用比率越高,说明社会诚信度以及基层治理的良善化水平越低,有利于促进人民调解协议自动履行的条件就越得不到具备,此时若不在促成人民调解协议自动履行之条件具备的其他方面有所作为、知耻后勇而继续只迷恋司法确认程序的话,就会使得人民调解的长项迅速丧失并最终被诉讼所覆盖、所同化。另一方面在于,"必须依靠强制执行的调解协议,往往隐含着非自愿、恶意、滥用、不诚信、有失公平、错误等风险,难以达到调解追求的和谐、自主和双赢的目标"[15]。所以,司法确认程序只能被当成人民调解的"备胎",可以利用但只能在例外时利用;司法确认程序对于经由人民调解化解民事纠纷具有补充性、非常态性,尽量不利用或少利用这一程序应成为理智的选择。

司法确认程序具有诉讼支持人民调解的一面,也具有诉讼监督人民调解的一面。对司法审查之能度与限度的谦抑性拿捏

---

[15] 范愉:《〈中华人民共和国人民调解法〉评析》,载《法学家》2011 年第 2 期,第 10 页。

必须慎之又慎，当前尤其要注意避免人民调解司法化的强化倾向。首先，程序启动应严格遵循被动性原则。《人民调解法》第33条以选择性的制度设计（使用虚词"可以"）把"双方当事人认为有必要"和"共同申请"作为司法确认程序的启动要件，使申请司法确认成为当事人的法定权利而非法定义务，同时也否定了法院依职权启动该程序的资格。如此的设计除了再次倡导人民调解协议的自动履行和一如既往的体现人民调解的自愿原则外，还在入口方面为司法审查的介入设置了等待线或障碍墙。在等待线或障碍墙面前，法院应予充分克制，决不能以支持人民调解的"善意"之名行贬损、压制人民调解的逾越之实。其次，审查标准应作趋宽化把握。有效的人民调解协议以"当事人具有完全民事行为能力、意思表示真实、内容不违法"为要件。人民调解程序的正式性、严格性、规范性都明显差于诉讼程序，法院不能以诉讼程序的标准对人民调解协议进行挑刺式审查，而应以换位思考、身临其境的心态对人民调解协议进行呵护式审查，有原则、有底线地尽量确认人民调解协议全部有效或部分有效。因为人民调解协议被确认无效后，当事人尽管仍有可能热情利用人民调解程序来化解彼此之间的纠纷，但这种热情很容易消失，随之扩散性地留给整个社会的不良印象会引发人民调解之吸引力的大面积塌方，人民调解的实效化也就无从实现。

主要参考文献

一、著作

郭翔、许前程、李春霖等编:《人民调解在中国》,华中师范大学出版社1986年版。

扈纪华、陈俊生主编:《中华人民共和国人民调解法解读》,中国法制出版社2010年版。

姜世明:《非讼事件法新论》,台湾新学林出版股份有限公司2013年版。

江伟、杨荣新主编:《人民调解学概论》,法律出版社1990年版。

刘加良:《当下中国纠纷解决的基本立场》,北京大学出版社2014年版。

李少平主编:《最高人民法院多元化纠纷解决机制改革意见和特邀调解规定的理解与适用》,人民法院出版社2017年版。

全国人大常委会法制工作委员会民法室:《〈中华人民共和国民事诉讼法〉条文说明、立法理由及相关规定》,北京大学出版社2012年版。

沈德咏主编:《最高人民法院民事诉讼法司法解释

理解与适用》,人民法院出版社 2015 年版。

唐德华:《民事诉讼法立法与适用》,中国法制出版社 2002 年版。

二、论文

Benjamin L. Liebman, "China's Courts: Restricted Reform", *Columbia Journal of Asian Law*, 2007.

Colin S. Hawes, Shu yu Kong, "Primetime Dispute Resolution: Reality TV Mediation Shows in China's 'Harmonious Society'", *Law and Society Review*, 2013.

常怡:《人民调解协议的效力变迁》,载《昆明理工大学学报》2012 年第 5 期。

郭小冬:《民事诉调结合新模式的探索——以整合现行调解途径为基础》,载《清华法学》2011 年第 3 期。

胡辉:《人民调解协议之司法确认程序再探——以程序运行为中心》,载《广西社会科学》2012 年第 5 期。

胡泽君:《人民调解工作的改革与发展》,载《国家行政学院学报》2003 年第 6 期。

郝振江:《论我国法院调解与审判的程序分离》,载《暨南学报》2017 年第 9 期。

江伟、廖永安:《简论人民调解协议的性质与效力》,载《法学杂志》2003 年第 2 期。

李浩:《民事诉讼管辖制度的新发展——对管辖修订的评析与研究》,载《法学家》2012 年第 4 期。

刘加良:《委托调解的制度要素》,载《法律科学》2014 年第 4 期。

刘敏:《论诉讼外调解协议的司法确认》,载《江海学刊》2011 年第 4 期。

廖中洪:《民事司法确认程序若干问题研究》,载《西南政法大学学报》2011 年第 1 期。

龙宗智:《观察、分析法治实践的学术立场和方法》,载《法学研究》

2011 年第 6 期。

钱大军、刘明奎：《论司法调解制度的功能超负》，载《学术交流》2017 年第 2 期。

祁云奎、袁鄒：《用法治化解纠纷——济南法院依法处置"三联彩石山庄案"纪实》，载《走向世界》2017 年第 8 期。

山东省济南市司法局：《人民调解如何破解重大群体性矛盾纠纷——山东省济南市三联彩石山庄群体性纠纷调解始末》，载《人民调解》2015 年第 5 期。

司法部基层工作指导司人民调解处：《2015 年度全国人民调解工作数据统计》，载《人民调解》2016 年第 4 期。

司法部基层工作指导司人民调解工作指导处：《2016 年度人民调解工作发展报告》，载《人民调解》2017 年第 6 期。

王福华：《协议管辖制度的进步与局限》，载《法律科学》2012 年第 6 期。

王福华：《论民事司法成本的分担》，载《中国社会科学》2016 年第 2 期。

王坚平：《关于人民调解协议的争论》，载《河北法学》1988 年第 6 期。

王敏华：《"有问题来调解，来调解没问题"——全国模范人民调解委员会、江西〈金牌调解〉人民调解委员会工作纪实》，载《人民调解》2013 年第 10 期。

汪全胜：《"特别法"与"一般法"之关系及适用问题探讨》，载《法律科学》2006 年第 6 期。

卫彦明、蒋惠岭、向国慧：《〈关于人民调解协议司法确认程序的若干规定〉的理解与适用》，载《法律适用》2011 年第 9 期。

王亚新：《诉调对接和对调解协议的司法审查》，载《法律适用》2010 年第 6 期。

尹力：《走出人民调解协议法律效力的实践困境》，载《人民司法·应用》2008 年第 15 期。

杨少春：《人民调解协议不应具有法律效力》，载《法学》1987年第6期。

周翠：《司法确认程序之探讨——对〈民事诉讼法〉第194—195条的解释》，载《当代法学》2014年第2期。

周翠：《协议管辖问题研究——对〈民事诉讼法〉第34条和第127条第2款的解释》，载《中外法学》2014年第2期。

徐钝：《司法确认制度及其价值的法哲学拷问——一个合法性范式分析视角》，载《法律科学》2014年第4期。

赵钢：《人民调解协议的效力辨析及其程序保障》，载《法学》2011年第12期。

赵钢、郝晶晶：《海事诉讼案件不宜适用小额审判机制——兼述小额审判机制之适用范围》，载《法学评论》2014年第6期。

左卫民：《中国法院院长角色的实证研究》，载《中国法学》2014年第1期。

朱小菁：《第三人撤销之诉制度研究》，载《中国海商法研究》2017年第4期。

章武生：《非讼程序的反思与重构》，载《中国法学》2011年第3期。

窦颖蓉：《关于定西法院人民调解协议诉前司法确认机制的调研报告》，兰州大学2009年法律硕士学位论文。

杨兵：《论司法确认制度》，中国政法大学2013年博士学位论文。

《吁启动行政程序法立法 消除程序规则模糊空白》，载《中国人大》2012年第19期。

《千亩大盘的烂掉》，载《财经国家周刊》2014年第20期。

《山东三联之死》，载《财经国家周刊》2014年第20期。

三、新闻报道

本报编辑部：《汇聚起法治中国建设的磅礴力量——五年来人民法院工作的新发展》，载《人民法院报》2018年3月9日。

柴刚：《挪用9亿元购房款 三联集团造济南最大烂尾楼》，载《中国经营报》2013年7月29日。

陈彦杰、袁鹏:《彩石山庄案发放首批购房款》,载《济南时报》2014年11月11日。

高继宗、朱红霞:《司法为民的"定西创新"——定西市实施"人民调解协议诉前司法确认机制"纪实》,载《定西日报》2009年11月10日。

革言:《以改革之策务为民之实 以制度之变夯公正之基——党的十八大以来人民法院司法体制改革纪实》,载《人民法院报》2018年3月16日。

胡玥:《人民调解协议具有法律效力》,载《人民日报》2010年9月15日。

蒋安杰:《行政程序立法已具备足够条件》,载《法制日报》2015年12月30日。

金芙蓉、潘静:《定西"诉前司法确认"被纳入人民调解法(草案)》,载《甘肃法制报》2010年7月12日。

姬忠彪、王烨、徐元学:《定西,定兮!——定西"人民调解协议诉前司法确认机制"调查》,载《人民法院报》2009年3月3日。

邝文:《为成功处置彩石山庄案叫好》,载《人民法院报》2015年3月25日。

李继远:《山东三联集团项目烂尾六年》,载《华夏时报》2013年7月29日。

刘静、王要勤:《让数据为测算法官员额作答——北京二中院科学量化审判执行工作动态配置审判资源》,载《人民法院报》2014年11月13日。

李少平:《深化"繁简分流"改革 破解"案多人少"矛盾》,载《人民法院报》2016年6月8日。

李少平:《发挥司法职能作用 提升多元解纷水平 打造新时代"枫桥经验"法院升级版》,载《人民法院报》2018年11月9日。

罗书臻:《以公正高效的执行赢得人民群众的信赖》,载《人民法院报》2016 年 1 月 7 日。

罗书臻：《最高法院通报裁判文书上网公开工作》，载《人民法院报》2016 年 8 月 31 日。

罗书臻：《最高法等四部门通报道交纠纷"网上数据一体化处理"改革试点工作》，载《人民法院报》2017 年 11 月 29 日。

李文广、闫继勇、纪小楫：《运用法治思维方式化解纠纷的生动实践——山东省济南中院司法处置彩石山庄项目案件纪实》，载《人民法院报》2015 年 3 月 23 日。

李万祥：《我国公证事业步入发展新时期》，载《经济日报》2017 年 2 月 24 日。

李阳：《济南最大烂尾楼之困》，载《中国房地产报》2013 年 8 月 12 日。

马向东：《"人民调解协议诉前司法确认机制"上升到立法层面》，载《定西日报》2009 年 8 月 7 日。

宁杰：《加强法院信息化建设规划 全面提升信息化水平》，载《人民法院报》2016 年 2 月 24 日。

潘静：《定西市中级人民法院荣立集体一等功》，载《人民法院报》2013 年 2 月 22 日。

潘静、马剑勇、杨磊、曹焱：《诉前司法确认让调解之路越走越宽》，载《人民法院报》2009 年 6 月 17 日。

潘静、王智纲、徐彦：《渭源法院诉前司法确认机制见成效》，载《人民法院报》2010 年 7 月 19 日。

潘静、杨魏：《人民调解协议诉前司法确认机制是合力化解矛盾纠纷的良好平台——访甘肃省高级人民法院院长梁明远》，载《人民法院报》2009 年 7 月 28 日。

乔文心：《共同推进道交事故损害赔偿纠纷网上一体化处理》，载《人民法院报》2018 年 9 月 20 日。

孙佑海：《维护公平正义 便利人民诉讼》，载《人民法院报》2015 年 2 月 6 日。

陶琛：《芙蓉国里的"枫桥经验"——湖南法院创新拓展多元解纷机制纪实（上）》，载《人民法院报》2018年11月13日。

王芳：《调解诉前确认 化解矛盾纠纷》，载《甘肃法制报》2008年8月13日。

王芳、柴永祥：《定西中院诉前司法确认机制引热议》，载《甘肃法制报》2009年11月11日。

卫建萍、谢钧：《上海完成案件权重系数课题并成功应用》，载《人民法院报》2015年5月9日。

王雨：《积极推行调解协议诉前司法确认机制》，载《甘肃日报》2009年5月24日。

徐锦庚、刘成友、卞民德：《济南最大烂尾楼是如何收尾的》，载《人民日报》2015年3月25日。

银燕、白龙：《甘肃定西司法确认使调解更有力》，载《人民日报》2011年4月20日。

周斌：《去年人民调解组织化解纠纷943.9万件》，载《法制日报》2014年2月28日。

张房耿、王念：《以司法改革破解案多人少难题》，载《中山日报》2017年1月11日。

周强：《最高人民法院关于人民法院全面深化司法改革情况的报告》，载《人民法院报》2017年11月2日。

张维：《学界建议尽快出台统一行政程序法》，载《法制日报》2016年11月19日。

周文馨：《诉前司法"确认"开辟解决纠纷新径》，载《法制日报》2007年9月3日。

周文馨：《"四大班子"领导现身审委会》，载《法制日报》2007年10月31日。

周文馨、赵志锋：《定西法院诉前司法"确认"运行状况调查》，载《法制日报》2008年8月26日。

赵志锋、周文馨：《人民调解 筑牢和谐稳定第一道防线》，载《法制日报》2012 年 11 月 5 日。

郑重:《济南最大烂尾楼启动司法程序》,载《华夏时报》2014 年 8 月 9 日。

《图说最高人民法院工作报告》,载《人民法院报》2016 年 3 月 14 日。

《图说最高人民法院工作报告》,载《人民法院报》2017 年 3 月 13 日。

《王胜俊作关于加强人民法院基层建设工作报告》,载《人民法院报》2011 年 10 月 26 日。

《最高人民法院公布的 10 起人民法院为京津冀协同发展提供司法服务和保障参考性案例》,载《人民法院报》2017 年 4 月 22 日。

后 记

2018年4月我所主持的国家社会科学基金青年项目"人民调解协议司法确认程序研究"得以提交结项鉴定。这一项目历经近六年、数次延期。法典的修改、诸多司法解释和司法文件的施行、司法领域广泛且深刻的改革,都似乎可在事实层面成为我迟延产出令自己满意之结项成果的外因。然而,诚信而论,在陪伴孩子成长和从事教学之外,没有把尽可能多的精力集中于项目研究则是不可否认的内因。项目研究的延期没有中断我对司法确认程序的持续观察和深度思考,与其相关的兴趣和热情一直都未消减,以至于我在2018年春季集中写作时多次体验到"思如泉涌"与"一气呵成",彼时那种感觉妙不可言!三个月的鉴定周期和优秀的鉴定等级,很大程度上可说明我小心翼翼、反复琢磨而敲出的文字能够以理服人。

2008年夏季和导师汤维建教授初步确定博士论文选题时,我即注意到了司法确认程序,只是当时没有料到它会成为我国多元化纠纷解决机制改革迄今为止获得全国层面立法确认的唯一成果。在漫长的研究周期中，我充分尊重已有的成果，始终以"人无我有，人有我特"和"不求一应俱全，但求独到深刻"的话语予以自我激励，多做从 0 到 1 的尝试，少为从 100 到 101 的举动。我虽然无意让此书成为我国系统性研究司法确认程序的首本著作，但在写作过程中我的确有着厚重的责任感，尤其当写到第八章时，我忍不住在洪家楼校区研究室内的墙壁上用笔使劲地写出"责任感"三个字，这不是因为具有"三最"特征的彩石山庄项目案发生在济南，也不是因为我正常接触收集到此案的材料远多于一般人，而是因为我期待陌生的观察者能意识到土生土长且缺乏域外对应物的司法确认程序在群体性纠纷化解中能堪大用。

本书的部分内容曾以学术论文的形式先后发表于《法制与社会发展》《政治与法律》《政法论丛》《东方法学》。感谢诸位编辑和匿名评审专家对我这些并未遵循"是什么—为什么—怎么样"传统写作套路而侧重多角度解释剖析、实证材料远多于比较法资料之稿件的肯定与青睐。司法确认程序是民事诉讼法学研究中的小众选题，相关稿件的刊发很难带来理想的被引数和下载数，故我心中时常涌起感激之情。

2014 年我的论文集《当下中国纠纷解决的基本立场》出版，2015 年我的随笔集《啄木法树：一名青年法律学人的历炼与体悟》出版。这两本集子均没有后记部分，致使我缺少向父母、导师、配偶、朋友、同行、学生表达谢意的书面证据。倘若没有父母的生育之恩、导师的提携之恩、配偶的陪伴之恩、朋友的交心之恩、同行的认同之恩、学生的载体之恩（我一直认为，学生是老师的存在方式），至少在教学科研层面我注定将无辨识度可言。

  北京大学出版社李铎编辑不时的督促,以及于一飞、王晓雪两位同学认真的校改,对本书的顺利出版助益良多,在此由衷地表示感谢。

  学术之路勤为径,教学之旅乐为基。借此书的出版,期待自己能坚守岗位、努力知止、上进惜福。

刘加良

2019 年 1 月于济南玉兰广场